U0926010

图书在版编目（CIP）数据

秦始皇 / (日) 陈舜臣著；蒋桑橙译. -- 天津：天津人民出版社，2020.11（2023.1 重印）
ISBN 978-7-201-16365-9

Ⅰ. ①秦… Ⅱ. ①陈… ②蒋… Ⅲ. ①秦始皇（前259～前210）– 传记 Ⅳ. ① K827=33

中国版本图书馆 CIP 数据核字 (2020) 第 201190 号

简体中文翻译版权由创译通达（北京）咨询服务有限公司独家授权代理

著作权合同登记号：图字 02-2020-102

秦始皇
QIN SHI HUANG
［日］陈舜臣 著　蒋桑橙 译

出　　版　天津人民出版社
出 版 人　刘　庆
地　　址　天津市和平区西康路 35 号康岳大厦
邮政编码　300051
邮购电话　（022）23332469
电子信箱　reader@tjrmcbs.com

责任编辑　岳　勇
封面设计　吴黛君

制版印刷　大厂回族自治县德诚印务有限公司
经　　销　新华书店
开　　本　620 毫米 × 889 毫米　1/16
印　　张　13
字　　数　133 千字
版次印次　2020 年 11 月第 1 版　2023 年 1 月第 3 次印刷
定　　价　59.00 元

目录

第七章　支撑秦国的法家思想

第八章　羡　仙

第九章　民怨沸腾

第十章　战国最强的虎狼之师

第十一章　文物会说话

第十二章　大秦帝国的覆灭

· 导读

日本文学界曾流传着这样一种说法："日本历史要看司马辽太郎，中国历史要看陈舜臣。"

对于生活在昭和时代（1926—1989 年）的日本人而言，这两个名字都不陌生，历史爱好者更是如此。巧合的是，这两位大文豪还是大学同窗兼好友。司马辽太郎擅长刻画默默无闻者如何在乱世中一步一步成为英雄，他笔下的坂本龙马、宫本武藏、西乡隆盛、土方岁三、伊贺忍者等形象深入人心。尽管他也写过《项羽与刘邦》这样以中国历史人物为主角的小说，但真正将中国历史上的诸多大人物与小角色带进日本读者心中的，恐怕还是陈舜臣。甚至连司马辽太郎都说："能让日本人真正了解中国历史的只有陈舜臣。"

陈舜臣原籍中国台湾，他出生于日本神户，并在那里接受了汉学教育。出身和成长环境的特殊性，注定了他在日本文化和中国传统文化之间徘徊，同时，对自我身份认定产生了迷茫。1994 年，陈舜臣在小说《甲午战争》中文版座谈会上曾感叹："我原该是中国台湾人，因甲午战争而成为日本人。大约二十岁时，又变回中国人。我实在想探究如此玩弄我命运的究竟是什么？"这种特殊历史命运转换所引发的漂泊感，使他的文学创作隐藏着一个主题，就连他自己也未曾察觉，却被某位日本评论家一针见血地指出："陈舜臣的推理人物往往是在寻找自己的身世，这就是他大部分作品的主题。"

因此可以说，由于身份不断转换的迷茫，以及对这种迷茫的探求，使得他的作品能够超越狭隘的民族主义，产生更丰富深远的内涵。正如早稻田大学教授稻畑耕一郎所说："没有任何作家像陈舜臣那样，用在不同文化、不同民族夹缝中生存的刻骨铭心的生活体验去深入思考未来。他这样做的出发点自然是研究不同文化、不同民族之间的差异并从事创作活动。"司马辽太郎也曾评价说："陈舜臣这个人，他的存在就是个奇迹。他了解、热爱日本，甚至对于其缺点或过失，也是用慈悲的眼光来看待的。同时，他也热爱中国，这种热爱有如养育草木的阳光一般。加上他略微脱离了中国近现代的一线现场，在神户过日常生活，这是他的观察与思考呈现出多重性的一个要素。对中国的爱与对神户的爱竟合而为一，真叫人感到惊奇。"

陈舜臣笔下的中国史

在当代日本文学中，中国历史题材小说曾呈现出欣欣向荣之景象。所谓"中国历史题材小说"，是指以中国历史为舞台、以中国历史人物为对象的小说，与“日本历史题材小说”相对应。战后半个多世纪来，日本的中国历史题材小说中，长篇作品有二百余种，短篇数量更是可观，被编辑成短篇集出版的便有上百种，其中陈舜臣的长篇历史小说约有三十部。这些小说中，不少获得了包括直木奖、吉川英治文学奖在内的各种有分量的大奖，从畅销一时到长销不衰，对日本文学和日本读者都产生了重大影响。

在陈舜臣之前，井上靖和海音寺潮五郎就已经开始了中国历史题材小说的创作，《天平之甍》《敦煌》《蒙古来袭》等作品，已经在日本读者心中刮起了阅读中国史之风，而陈舜臣的出现，则使其发展成为旋风，席卷整个日本。

梳理陈舜臣的生平不难发现，他并非一开始就写历史小说，事实上，他最初是以推理小说出道的。

大学期间，陈舜臣就几乎读遍了柯南·道尔的所有作品，这为他开始推理小说创作积累了素材。1960年，陈舜臣以笔名“陈左其”参加了第十届文学界新人奖的征稿，作品《在风中》(《風のなか》)进入最终候选阶段，虽无缘奖项，但这坚定了他从事文学创作的信心。1961年5月，他的长篇小说《枯草之根》（《枯草の根》）获得了第七届江户川乱步奖。这一年，他36岁。接着，他陆续出版了《三色之家》（《三色の家》）《弓屋》（《弓の部屋》）《愤怒的菩萨》（《怒りの菩薩》）《分裂者》（《割れる》）《托月之海》（《月をのせた海》）等推理作品。从这些早期作品中，我们可以窥见陈舜臣卓越的推理能力以及对人性的洞察。

陈舜臣开始中国历史题材小说的创作，是以1967年《鸦片战争》（《阿片戦争》）的出版为标志的。这部小说的意义不仅在于开辟了陈氏创作的新类型，也在于触及了其他日本历史小说家们在选材上规避的历史——中国近代史。

由于历史和现实的因素，日本历史小说家们取材时多偏向古代中国。自中国文化和典籍传入日本之后，经过上千年的吸收与融合，许多中国历史中的人物、典故，都成了日本文化的一部分，而不再被视为纯粹的外来文化。尤其是受司马迁的《史记》、陈寿的《三国志》，以及曾先之的《十八史略》在日本的影响，小说家们选材时多偏向秦汉时期、三国时代和宋代相关的历史和人物。这既是受自身对中国历史知识掌握情况的限制，也是考虑到了日本读者的阅读兴趣。而对中国近代史，由于日本文化界、学术界对于历史存在诸多误区，加上教育的刻意淡化，日本人对这段历史的认识相对薄弱。作为华裔作家，陈舜臣有意想要改变这种状况，因此有了《鸦片战争》以及之后一系列以中国近代史为舞台的小说，包括《甲午战争》（《江は流れず－小説日清戦争》）《太平天国兴亡录》（《太平天国》）《山河犹存》（《山河在り》）《走向辛亥：从孙文崛起看晚清日落》（《青山一髪》）等。许多日本读者正是通过这些作品，才对近现代中国的历史有所了解。当然，陈舜臣也写了大量取材于中国古代的小说，例如《三国史秘本》（《秘本三国志》）《曹操》（《曹操－魏の曹一族》）《诸葛孔明》（《諸葛孔明》）《十八史略》（《小説十八史略》）《郑成功》（《鄭成功－旋風に告げよ》）

《成吉思汗》（《チンギス・ハーンの一族》）《耶律楚材》（《耶律楚材》）等。

陈舜臣的历史小说可读性极强，这是因为他有意识地把历史题材与推理手法结合起来。他曾说过："历史小说多半不就是作者依据史料，经过推理和虚构而成的混血儿吗？也许是乱说，但我确实觉得历史小说也包括在广义的推理小说中。"他又说："历史时代要依靠史料及其他来把握，而把握的方法终归不外乎推理。"他的创作风格在日本文学界可谓独树一帜，旅日作家李长声曾说他是"日本小说界无出其右者"。

除了历史小说，陈舜臣还创作了大量散文、随笔、游记等，且大多也是取材于中国历史文化，《史林有声》（《史林有声：中国歴史随想》）《随缘护花》（《随縁護花》）《一路向西：东西方3000年》（《シルクロードの旅》）等作品，对中日文化在琐碎日常中的诸多差异以及背后的渊源进行了挖掘与探究，也都为日本读者了解中国历史与文化开启了新的大门。

陈舜臣在接受采访时曾说："我写中国历史，是为了'订正'（日本）对中国历史的某些误解。"出于这份责任，他对历史的考察是极其讲究的。"身为一个常以历史为题材的小说家，在史料调查方面，我建立了一个原则，那就是谨记史料往往是胜利者的记录。胜利者常会将不利于自己的事实抹除或重新修改。"他对于搜寻史料有着别样的执着，他从不假手于他人，先后多次赴北京、西安、敦煌、大连等地探寻古迹，亲自到现场感受穿越千百年的历史气息。

陈舜臣一生著作两百余种，题材广泛，获奖颇丰。可以说，在日本从未有任何一个外裔作家能够取得像他这样高的文学成就。他代表了一个全新的文学时代，一个以笔构建中日交流桥梁的时代。

陈舜臣笔下的秦始皇

两千二百多年前，中华大地上诞生了一位传奇的帝王。他结束了春秋以来五百余年的纷争割据，建立了中国历史上第一个专制主义中央集权的封建国家，他就是秦始皇——中国第一位皇帝。在日本，人们习惯称其为“始皇帝”。与他相关的徐福带领五百童男童女东渡的传说自古为日本百姓津津乐道。在京都右京区的太秦（即大秦），还有一座祭祀秦始皇的神社——大酒神社，秦始皇被尊为大酒大明神。此外，秦始皇也被日本漫画家、游戏设计者改编成各种现代化的新形象。可见，这位始皇帝在日本的人气之高。

对于秦始皇的生平，无论是《史记》等正史资料，还是影视剧的戏说，都不可避免地增添了来自后人的神话色彩。20 世纪 70 年代以来，秦始皇陵、秦代简牍等考古资料的出土，为学者们研究秦始皇生平开启了新途径。这样一个谜团重重、颇具争议的帝王引起陈舜臣的兴趣可以说是情理之中的。

1995 年 1 月，陈舜臣结束了长达五个月的病榻生活出院，半个月后发生阪神大地震，他去了冲绳疗养。尽管年事已高、身体抱恙，但他始终没有停下手中的笔。这一年，他在《朝日新闻》上连载了长篇历史小说《成吉思汗》，并出版了文化随笔《随缘护花》

以及人物传记《秦始皇》。

虽题为“秦始皇”，但陈舜臣的用意并不局限于展现秦始皇的生平事迹，而是想要通过这个典型的人物，一窥时代的真面目。这一点，他在序言中便有说明：“我写这本书，是想通过揭开时代的面纱，勾勒秦始皇的形象，再借助秦始皇这支璀璨夺目的明烛，照亮那个时代的真容。”

正文开篇即解释了“皇帝”一词的由来。作者借助史料的记载，对“王”“侯”“皇”“帝”等汉字的内涵进行了简单阐释，指出嬴政采用“皇帝”这个尊号的野心——超越三皇五帝。作者因考察“皇帝”一词，自然而然地对自古以来的尊号使用情况都进行了梳理，由此串起了整个秦朝以前的历史与文化。通过短短两千字的描述，读者便能够触摸到那个时代的脉搏，不得不说作者叙事功底之深厚。接着，陈舜臣客观地罗列（而非评价）了秦始皇为了“大一统”而采取的举措，并得出一个结论——秦始皇最大的功绩不在于这些举措本身，而在于使“大一统”的思想深入人心并影响至今。秦之后的两千多年，中国几经分裂，但都复归统一，这与秦的统一密不可分。而后，陈舜臣对秦以前的历史进行了追溯，尝试从历史中找到秦之所以成为秦、秦始皇之所以成为秦始皇的原因。

对于秦始皇这个人本身，陈舜臣摒弃了“神化”倾向，而将其作为普通人来书写。他对史料进行筛选和串联，加以适当的推理，尤其是补充了人物的心理活动，从而为读者展现了一个立体饱满、有血有肉的嬴政。

陈舜臣认为，时势造英雄，任何个人，都必须放到当时的时代背景下去考察才有意义，诚如他在后记中说：“我在这本书中讲述了秦国的诸多事迹。功过是非，黑白曲直，仁者见仁，智者见智。希望各位读者在阅读本书时，能把自己想象成秦始皇，沉浸到这段历史中去。英雄和伟人毕竟也是人。”

可以说，本书既是一部人物传记，也是一部先秦史。在网络尚不发达的 1995 年，这部作品的出版，为日本普通读者了解秦始皇以及先秦历史提供了一条便利的通道。由于陈舜臣对待史料时态度相当严谨，加上其独特的历史推理视角，他在这部作品中得出的某些结论与现阶段考古成果不谋而合。因此，即便放在二十多年后的今天来看，《秦始皇》也有其现实价值。

关于本书的几点说明

本书编校过程中，对于相关历史资料的表述与现今考古成果或主流说法有所不同的部分，都做了保留，加之批注、脚注以说明；对于书中没有详细展开叙述的内容，选取陈舜臣本人所著《中国的历史》（讲谈社文库，1990）中相关内容，以“陈说”形式为读者展开。

诚如作者所说，秦始皇死后，秦朝岌岌可危，二世而亡，以致秦朝并没有其自身编撰的史书流传于世。又因秦始皇统一六国而招致亡国之人的怨恨，流传至今的史料中多是对其不利的言论。而且，先秦史料纷杂，也多有相互矛盾之处。另外，本书起初是面向日本读者所写的，因而选取的一些对比举例对于中国读者而言或许并不熟悉。对于上述种种矛盾或疑问，在此列举部分：

其一，第九章《民怨沸腾》中提到秦始皇陵被烧以及所藏珍宝尽数被盗一事，至今考古界仍有争议。项羽是否真的是火烧骊山陵的始作俑者，目前尚无定论。根据《史记·高祖本纪》记载，刘邦列项羽十大罪状，第四项为“项羽烧秦宫室，掘始皇帝冢，私收其物。”其中并无项羽火烧骊山陵的记载。本书根据《水经注》中对“牧人寻羊烧之”的记载解释，是住在附近的牧羊人趁乱进入墓穴中盗走部分珍宝，并放火烧毁墓室。另有古籍记载说是有牧羊儿在附近放羊，因羊走丢而持火寻找，不慎导致墓中失火。[1] 同时，骊山陵是否被盗一空，经当代考古学家实地勘探，认为史籍所述被盗焚毁的，可能只是地面建筑和部分地下陪葬坑。另有新研究显示，皇陵核心“地宫”保存完好。

其二，第十章中将秦始皇收缴天下兵器一事，与丰臣秀吉的“刀狩令”做对比。有的读者或许对此不甚熟悉，在此简单说明。刀狩令是指收缴僧侣及平民的武器的政策，现存记录中，最早的是1228年北条泰时要求高野山僧侣交出兵器。丰臣秀吉所处的16世纪，近畿以及关东地区的平民在成人礼时，会得到一把胁差，象征平民的武装权以及成年男性的人格和名誉。丰臣秀吉在1588年颁行刀狩令，目的在于解决因持有武器而引起的暴力争端，同时推进全国兵农分离政策。丰臣秀吉的刀狩令共有三条：一、禁止平民持有及携带刀、

[1]《汉书·楚元王传》：其后牧儿亡羊，羊入其凿，牧者挥火照求羊，失火烧其臧椁。

弓、枪、铁炮等武器；二、所收缴的武器，用以铸造修建方广寺大佛所需要的钉子等物品；三、平民应持农具努力耕作，以为子孙后代安居之本。

其三，由于史料本身的矛盾和解释的差异，关于苏秦、张仪的年辈问题形成了两种不同的说法：一种认为苏秦早于张仪；一种认为苏秦晚于张仪。《史记》《资治通鉴》所记载二人基本属于同一个时代，是战国合纵连横斗争的对手，苏秦稍早。但1973年出土的长沙马王堆汉墓帛书《战国纵横家书》却表示：苏秦的年辈比张仪晚，苏秦死于公元前284年，张仪死于公元前310年，苏秦的主要活动均在张仪死之后，张仪在秦国任相时，苏秦还没有踏入政坛。[1]文中所提及张仪在苏秦死后为宣传自己主张，暴露苏秦合纵政策的短处，以致苏秦风评不佳，仅为陈舜臣先生参考《史记》记载所述，实际情况有待考证。

其四，近年来《赵正书》的问世，使得胡亥与赵高篡改秦始皇遗诏一事，出现了新的解释。《赵正书》出自《北京大学藏西汉竹书》第三卷，其中大部分篇幅记录了秦始皇临终前与李斯的对话、李斯被害前的陈词以及子婴的谏言，估测成书年代约为西汉早期。《赵正书》部分内容与《史记》所记载的内容相似，但在胡亥继位一事上，说法截然相反。《赵正书》中称胡亥继位乃是秦始皇授意，并非密谋篡改遗诏。同时，根据《史记》记载：上病益甚，乃为玺

[1] 此处引用自陈舜臣所著《陈舜臣说〈史记〉：帝王业与百姓家》的导读部分。

书赐公子扶苏曰：与丧会咸阳而葬。可解释为：秦始皇病重，写了一封盖有皇帝玺印的诏书给公子扶苏，命其回咸阳为其送葬，主持丧礼。根据记载所述，秦始皇也并没有在诏书中立公子扶苏为太子。并且有关学者指出，有关秦朝末期的历史资料纷杂，汉初已有多种不同记述，《史记》所取只是其中之一。

陈舜臣本人对待历史有着极其严谨的态度，多方考证古迹资料，力求还原历史原貌。本着尊重陈舜臣创作的原则，并未在书中对有所争议的部分进行修改。

· 序　言

春秋战国时代，是各诸侯国轮番登场的舞台，也是时人眼中的天下。假如战国末期七雄割据（秦、楚、燕、齐、赵、魏、韩）的局面延续下来，也许这片天下会从此分裂成七个国家，变得像欧洲一样零散。秦始皇统一了天下才避免了这样的情形。从这种意义上来说，秦始皇可以称得上是中国的缔造者。

若想了解中国，就必须先了解秦始皇。他生前取得了前所未有的辉煌成就，他的大秦帝国却在他死后迅速土崩瓦解。即便这样，他统一天下的事迹，千百年来一直为人们所传颂。三国鼎立、南北朝动乱、宋金对峙……秦朝灭亡后，中国历经数次分裂，却从来没有人认为这是常态。或许在古人的传统观念中，中国就应该是一个整体。

在那个时代，只有拥有强大到一定程度的力量，才能统一天下。

那么，秦始皇的力量究竟从何而来?

回顾秦始皇的霸业时，我们会发现，他虽然是诸侯之子，却几乎只凭一己之力就建立了一个幅员辽阔的国家。他那不可思议的人生轨迹，的确值得重温。不过对想要做出一番事业的人而言，秦始皇也算是一个失败的案例。

《三国志》的作者陈寿评价曹操为“非常之人，超世之杰”。我认为，这句评语似乎更适合秦始皇。在历史的长河中，各个领域偶尔会出现走在时代前面的豪杰。然而深入研究过秦始皇这个代表人物就会明白，他们也不过是时代的产物，是时代造就了他们。

可以说，秦始皇所拥有的力量，来自他所处的时代。

我写这本书，是想通过揭开时代的面纱，勾勒秦始皇的形象，再借助秦始皇这支璀璨夺目的明烛，照亮这个时代的真容。

第一章 功在千秋

分天下以为三十六郡，郡置守、尉、监。更名民曰『黔首』。大酺。收天下兵，聚之咸阳，销以为钟鐻，金人十二，重各千石，置廷宫中。一法度衡石丈尺。车同轨。书同文字。

——《史记·十二本纪·秦始皇本纪》

“皇帝”的发明者

“皇帝”一词对应的英文是 emperor。该单词起源于罗马帝国对皇帝的称呼，而秦始皇则是历史上首个以中文的“皇帝”二字作为尊号的人。

在秦始皇生活的那个时代，中国有七个强大的国家，被称为“战国七雄”，秦国便是其中之一。后来秦始皇开始逐一兼并六国，最终于公元前 221 年消灭地处山东半岛的齐国，实现了天下统一。

就在这时，他认为自己需要一个新尊号了。此前他与其余六国的国君一样，都以“王”作为称号，称秦王政。

秦始皇不堪忍受自己还是“七王”中的一人，已经亡国的六国国君在称谓上仍可以与自己平起平坐。他相信肯定有比“王”更好的称号，便下令让群臣商议。

丞相、御史大夫和廷尉等国家重臣翻阅若干古籍后，向秦始皇禀告商议结果："古有天皇、地皇、泰皇三位伟人，其中泰皇最为尊贵。臣等提议将'王'改为'泰皇'，以'泰皇'为尊号。"

秦始皇的性格有几大特点，其中一个就是遇事会与大臣商量，但又不会完全听从建议。满意的就采纳，不满意的就否决。

秦始皇不满意以前有人用过"泰皇"这个称号，他想要的是一个全新的、独一无二的称号。

"现在我统一了天下，五帝那点儿领土根本不值一提，就连夏、商、周的明君也无法与我相提并论。"

《史记》记载：

王曰："去'泰'，著'皇'，采上古'帝'位号，号曰'皇帝'。"

秦始皇取泰皇的"皇"字，和上古五帝的"帝"字，将尊号定为"皇帝"，代表他兼备三皇五帝的美德。三皇五帝是上古时代的人物。关于三皇究竟是哪三个人，从古至今众说纷纭。但一般是指向百姓传授了许多知识的伏羲、女娲和神农这三位首领。五帝指的则是黄帝、颛顼、帝喾、尧和舜。五帝时代的"天下"，据说有千里见方那么大。那时的一里等于四百多米，所以千里见方的面积大约是 16 万平方千米。整个"天下"的统治者，也就相当于掌管着两个北海道而已。

皇帝，这两个字的组合可以说是绝无仅有的。由此可以看出秦始皇的另一个性格特点，就是喜欢独一无二、标新立异。

其实天下诸侯、国君之间广泛使用“王”这个称号，不过是从秦始皇统一六国往前数一百年左右的事。在那之前，只有周天子才是王。尽管那时周天子式微，已然名存实亡，但诸侯们仍不敢造次。春秋时代，周王室分封的诸侯无一人敢称王，皆以爵位自称。侯爵就称侯，伯爵就称伯。

不过，那些未被周王室分封的人、不食周王室俸禄的人，以及与周王室关系疏远的南方人（吴国、越国、楚国）就都早早以王自居了。

楚王掌管湖北、湖南两地，他在被人指责不该称王时曾说：“有何不可？我蛮夷也。”这里所说的“蛮夷”和日语里的意思有些区别[1]，此处指的是远离中原的区域，即远离文化繁荣的黄河中游地区，属于不同文化圈的地方。所以他的意思就是，反正山高天子远，我想称王就称王。

吴国与越国亦是如此。吴王夫差（公元前 496 ～前 473 年在位）与越王勾践（公元前 496 ～前 465 年在位）都在春秋时代便自封为王。

周天子所分封的这些诸侯，起初还因忌惮周天子而不敢称王。时间一长，这份忌惮也慢慢消失。到了战国时代，周天子被彻底架空，诸侯们随即纷纷称王。

---

[1] 蛮夷在日语中多指野蛮人、未开化的人，也指古代居住在日本北关东至东北、北海道地区，不服从朝廷统治的人。本书脚注无特殊说明均为译者注。

与秦始皇相隔四代的秦国国君是秦惠文王。秦惠文王十三年（公元前 325 年），惠文王正式称王。两年后，韩国与燕国国君称王。诸侯称王，距秦始皇统一天下不过百年，时代也并不算遥远，秦始皇就不知餍足地给自己取了新的尊号。

秦始皇改尊号为“皇帝”的同时，又规定以前人人皆可使用的“朕”，从此只能为皇帝一人所用。从出土的春秋战国时期青铜器上的铭文来看，“朕”最初似乎是“我的”的意思。这个原本任人使用的字，就这样被秦始皇变成了皇帝的专属自称。

此外，秦始皇还将“玺”字也据为己有。“玺”字原来指的是普通人的印章，秦始皇却规定以后只有皇帝的印章可以称“玺”，其他人的印章一律称“印”或“章”。

与此同时，秦始皇还废除了谥号。一般在统治者死后，下一代人根据他生前的品行决定谥号。比如在战争中功勋

【陈说】

秦朝二世而亡，或许后人认为短命王朝的制度不吉利，所以后来也没有采用以世代称呼皇帝的习惯。

——陈舜臣《中国的历史·第二卷·万里长城》

显赫的人就称武王，为天下带来太平盛世的人就称文王、昭王、穆王等。

而秦始皇无法接受这种制度。秦始皇认为，孩子不能对父母指指点点，大臣也不能对君王品头论足。自己做第一代皇帝（即始皇帝），继位的子孙就按照二世皇帝、三世皇帝这样排列下去，“至于万世，传之无穷”。于是，秦始皇废除沿用已久的谥号制度，建立了以世计数的新制度。

废除谥号制度一事同样为我们展现了秦始皇对新事物的执着，同时也让我们看到了他排斥批评、独断专行的一面。

史无前例的“统一”

除了改尊号以外，秦始皇还推出了形形色色的新制度。而要说起他的伟大壮举，就不得不从“书同文，车同轨”提起。

“书同文”，即统一文字。战国末期，七个主要国家使用不同的文字。这些文字虽然都起源于商朝的甲骨文，但在使用过程中，同一个字在不同的国家写法已演变得不尽相同。

秦始皇规定秦国小篆为通用文字，其余被弃用的文字，统称为“六国文字”。

后来因为发生了“焚书”事件，并且秦始皇死后，项羽曾在咸阳焚烧掉了大批文书，有关六国文字的史料已经所剩无几。即便这样，我们还是能够通过那些不时从地下，特别是从沙漠中发现的印章，来一睹昔日六国文字的风采。

人们用石头做印章是后来才有的事，在秦始皇时期印章都是由金属制成的。地位尊贵的人用金印、银印，铜印次之。印章的持有者一般用细绳把印章挂在脖子上。打仗的时候，印章就起到了名牌的作用。如果无法辨认阵亡将士的身份，便可以通过他带在身上的金属印章查明。从现今的考古发现来看，这些印章上大多刻着难以破解的六国文字。

全国使用相同的文字，不仅能够让举国上下进行无障碍沟通，更促进了思想的融合。天下的统一，不仅仅是国土间的合并和一统，更重要的是思想上的统一。

而另一项“车同轨”，即统一马车的轮距。当时，各国会用战马拉着战车，在路上碾出深深的车辙，形成轨道，使得驾车时只能在轨道中行进。由于各国马车的轮距不同，轨道上只能让本国的马车顺利通过，以此在战争中达成御敌的目的。

但天下统一之后，轮距以及车辙轨道的不同反而会造成全国交通不便。因此，秦始皇决定统一马车的轮距并在全国修建驰道。

汉文帝时期的贾山曾描述驰道：宽 50 步，沿途每隔三丈就有一棵树。步是长度单位，约等于现在的 1.35 米，宽 50 步就说明驰道的宽度是 67 米。而当时的一丈约等于 2.25 米，也就是说每隔 6 ～ 7 米就有一棵大树。

修建驰道皆以百姓为主要劳动力，如果雨水冲垮道路，百姓们就会被勒令抓紧时间抢修。并且这种情况下政府还会派遣官吏前来监工，百姓们便承担起了照顾那个人的饮食起居的责任。驰道旁边有驿站，驿站里有马，就连养马的活儿也要当地百姓来做。

老百姓被这些沉甸甸的重担压得苦不堪言。

到了汉朝，汉文帝本来也打算修路，不过贾山及时劝阻了他。贾山在奏折中写道："秦始皇命人修建的道路已经足够坚固，不必再重新整修。修路是秦朝灭亡的一大原因。整个国家在秦始皇死后分崩离析，也是由于为修路所苦的百姓恨极了朝廷。我们万万不可再重蹈覆辙。"

这时秦朝灭亡不过三十年，秦始皇命人修建的驰道还在，蔚为壮观。北起九原附近的万里长城，东至黄海沿岸，南至长江下游。在这条路上，无论去哪里都不用换乘。此前，想去江苏省或浙江省需要反复换乘——在韩国换乘一次，在魏国换乘一次，再在吴国换乘一次。驰道建成后，驾着同一辆马车就能走遍全国。

除了"书同文，车同轨"，秦始皇还统一了度量衡。各国原本采用的量器，比如容积单位"合""升""斗"；长

【陈说】

皇帝独裁政治下的强制性统一，一时间会在各地产生混乱，但后代人受到的恩惠也是极大的。秦始皇极其敏捷迅速地完成了这项早晚总要做的事业。虽然令人感觉有些操之过急，但当时的秦始皇绝对相信自己的力量，大概不会认为这些改革和统一过于勉强。

——陈舜臣《中国的历史·第二卷·万里长城》

度单位“步”“丈”等，大小体积是各不相同的。由于这种差异，在这个国家满一斗的东西，在别的国家可能就不足一斗。

秦始皇在统一天下的那一年，立即着手统一度量衡。朝廷统一制作了“合”的量器，并命令全国以此为标准，向全国各地发放。中国东北曾出土秦朝的标准量器，从而证实了这种观点。

统一度量衡极大地促进了产业和经济的发展，省去了各地间频繁换算的麻烦。同样的，统一货币，让秦半两钱在全国范围内流通，这也绝对是有益无害的举措。

秦国的“拿来主义”

秦始皇的下一步措施，是沿用郡县制。

天下初定，如何治理国家成了首要问题。对此，丞相王绾建议道：“如今我国疆域甚广，偏远地区实在鞭长莫及。不如将宗室贵族分封至各地，让他们作为诸侯治理地方。”

廷尉李斯强烈反对道：“让宗室贵族在偏远地区当诸侯，万一有人趁机坐大怎么办。且我朝兼并六国，统一天下，福泽百姓，已经杜绝诸强争霸这一弊端，怎能再像前朝那样给自己制造威胁。”

李斯说得没错。战国中期以后，以“战国四公子”中齐国孟尝君与楚国春申君为代表的宗室贵族和异姓功臣，便借机成了权势凌驾于国君之上的强者。

既然地方势力坐大是引发天下动荡的根源，那么就要避免这种情况发生。秦始皇不再封宗室贵族为各地的诸侯，而是采取郡县制。

郡县制制度下将全国分为三十六郡，在郡下设县，由中央直接管辖全国。

其实，郡县制并非秦始皇首创，秦国一直采用的都是这种制度。齐国、楚国、韩国、魏国等其他国家，则是将各地赐给宗室贵族或有功之臣做封邑，并封其为君。封君因此获得实权，羽翼渐丰。[1]然而，秦国很早就选择从中央派遣官员治理地方，避免让宗室贵族成为封君。所以，秦始皇只是把之前秦国施行的制度推行到全国而已。

三十六郡的最高行政长官郡守由朝廷任命，从都城咸阳直接派出。郡守不允许世袭，且会有任地的调动。一旦接到朝廷的调令，就必须奉命前往指定地点。

[1] 此处是指封君制，这是与郡县制相辅的重要制度。封君权力受限制，且难以世袭。与秦国相比，其他国家对封君的约束程度稍低，比如楚国的封君在封邑内享有土地占有权、行政权等。

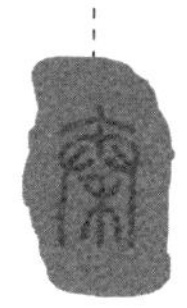

深入人心的理念

通过秦始皇推行的各种新制度，天下逐渐变成了一个整体。都城咸阳发出的指令能遍及全国，统一的轮距更是能让人们驾着同一辆马车去任何地方。统一的文字则让普天之下都能看懂使者传达的诏书，也为皇帝的统治带来了便利。

其实直到秦始皇统一天下之后，人们才开始认为“中国是一个整体”。如果秦始皇没有出现，没有做到一统天下，恐怕中国就会变成如今欧洲的模样——由多个国家组成，每个国家说着不同的语言。

三国时期、南北朝、金朝、元朝……中国历史中，分裂时期也许比统一时期更长，但经过秦始皇短暂的统治，“中国是一个整体”这一概念深深扎根在了中国人的心里。

除非统治者采取非常手段，否则要让百姓产生这种觉悟并不容易。不过我认为，秦朝灭亡的原因，就在于秦始皇用了太多这样的手段。话虽如此，秦始皇的功劳还是无法忽视的。他让中国人在两千年后依然坚信“中国是一个整体”，只此一点就不得不承认这是旷世奇功。

每次回顾秦始皇的丰功伟业时，我都会深刻地感受到他对现代人的影响。

第二章 乱世风云

公子虔之徒告商君欲反，发吏捕商君。商君亡至关下，欲舍客舍。客人不知其是商君也，曰：『商君之法，舍人无验者坐之。』商君喟然叹曰：『嗟乎，为法之敝一至此哉！』

——《史记·七十列传·商君列传》

扩展：《吕氏春秋·慎行论》一篇中也对此事有详细记载，指出“贤者有小恶以致大恶，褒姒之败，乃令幽王好小说以致大灭”，认为褒姒是导致西周灭亡的主要原因之一。

图片来源：《帝鉴图说》

戲舉烽火
周幽王
褒姒

式微的周王室与秦国的成长

“夷夏东西说”是关于中国古代史的著名学说。该学说称，中国原本有夷族和夏族这两大部族，二者融合之后才有了如今的汉族。换言之，中国本就不是由单一民族构成的国家，华夏文明则是由生活方式不同的两个群体促成的新文明。

著名学者傅斯年先生认为，夏族在西，夷族在东，所以西部的周族便是夏族，东部的商族便是夷族。公元前1050年左右，周武王向东部发起进攻，最终商朝灭亡。

以此学说为依据，我们可以推测周族并不是在商族没落后才崛起，而是与商族几乎同时并存的，且实力更胜一筹。还有学者认为，纵观历史，中国西部充满野性力量的新鲜血液曾不止一次地涌入东部。

当时的秦国是战国七雄中位于最西边的国家。即便在春秋时代，也没有哪个国家比秦国更往西了。当时文化最发达的地区是黄河中游的“中原”，秦国则可以说是最“落后”的国家。直到周王室衰微东迁，秦国才得以跻身诸侯之列。

周朝建国后供奉稷神[1]，大力发展农业。好好一个欣欣向荣的国家，后来却因铺张浪费，逐渐走向灭亡。周幽王在位时（即公元前782～前771年），西周被北方民族犬戎所灭。

关于周朝后期王室的堕落，周幽王有一个广为人知的故事。相传周幽王极为宠爱褒姒，只可惜褒姒是个不爱笑的冰山美人。有一次，周幽王不慎点燃了烽火，引得诸侯们连忙从四面八方赶来救驾，到了镐京[2]才知道是误会一场。看见诸侯们狼狈的样子，褒姒终于“扑哧”一声笑了出来。

为博美人一笑，周幽王后来又多次点燃烽火，上当的人却是越来越少。待到犬戎真正来袭的时候，竟无一人前来增援。这个故事或许是虚构的，却足以说明周幽王在位时周王室有多么奢靡颓废。

西周灭亡后，周幽王之子周平王迁都洛阳，建立东周。当时负责沿途护送他的人就是秦人。其因护驾有功获封诸侯，但秦国与齐国、晋国这种元老相比，只能算是新来的小喽啰。

追溯秦的历史，有传说称秦人的祖先是因为畜牧的本领——

[1] 稷神，相传是黄帝的玄孙，天帝之子。亦有说法“稷神”为周朝始祖“后稷”。

[2] 镐京，西周都城。现位于陕西省西安市。

通俗点儿说就是养羊养得好，从而得到了周朝第八任天子周孝王赏识，受封秦地[1]。老本行是畜牧业的秦人，此时，能将周王室的落难天子平安护送到洛阳，说明他们也很有军事才能。

到了秦始皇这一辈，秦国早已定都咸阳。不过秦国原本是中国西部的势力，之前的都城也更靠西一些，位于如今的甘肃省东部。秦国便是从那里逐渐东进，最终来到了关中平原。

也就是说，秦国早年间远离发达地区，处在非常落后的边陲，有很长一段时间只能发展畜牧业。或许正因如此，秦国才有了他独特的活力。

[1] 秦地，今甘肃省天水市一带。

秦国的异国人才

秦国的一大特点，就是对异国人才来者不拒并委以重任。换个角度来看，这恐怕也是秦国本土人才短缺的表现。秦国不乏为其东奔西走、善于畜牧狩猎的武将，却缺少善于治理国家、推行政务的人才。想来秦国定是在这种情况下，才对异国人才抛出了橄榄枝。

雄厚的国力是争夺天下的必要条件。不过意外的是帮助秦国提升国力的人，几乎都来自异国。由于秦国太过强盛，周边的国家感觉受到了威胁，企图用计削弱秦国的国力，结果却是搬起石头砸了自己的脚。

比较著名的一件事是，其他国家为了让秦国的国库空虚，曾命一个名叫郑国的水工[1]向秦王提议修建大型水利工程。后来秦

[1] 水工，指当时的水利工程技术员。

王接受了郑国的提议，令他率众开凿了一条用来灌溉耕地的水渠，这条水渠就是有名的“郑国渠”。此举原是想耗费秦国的财力，谁知竣工后没过多久，耕地灌溉面积显著增加，生产力得到了极大提高，秦国的国力也不降反升。而主持这项工程的郑国，其实是韩国人。

此处还要提到为秦国奠定了政治基础的公孙鞅。他的封邑在商地[1]，一般称他为商鞅。商鞅也来自异国，他原本是卫国人。

秦始皇所做的创新太过耀眼，让人往往忽略了他对已有的制度的继承。实际上，秦始皇沿用的旧制除了之前提到的郡县制，还有商鞅打造的一切以法律为准绳的极权主义体制。

商鞅曾效忠于秦孝公，在取得其信任之后，开始逐步推行制度改革。商鞅的改革方针就是以重刑让人守法。

第一，以五户人家为基础单位编制户口。五户为一保，十保为一个邻保，整个邻保实施连坐制。即邻保中有一人犯法，五十户人家都要受到株连。虽然关于秦朝的户籍制度还有多种说法，但我更认同这一种。[2]

第二，包庇罪犯者与临阵脱逃者以同等罪名论处。这项鼓励检举的规定，使得人们在做违反律例的事情之前要考虑再三。虽

[1] 商地，今陕西省商洛市境内。

[2] 关于秦朝的户籍制度现今有多种说法，一是根据《史记·商君列传》记载为“五家为保，十保相连”，另有一种说法为“五家为伍，十家为什，什伍之内，相互纠察”。

说治理国家原本不可能这么简单，怎奈当时百姓还很愚昧。

第三，强制分家。一户不得有两个成年男子，一块地只能由一人耕种。如果两人共有一块地，其中一人必须另辟耕地。当时秦国有很多尚未开垦的荒地，这项规定便是为了提高农业产量。

第四，明确爵位等级。军功大小根据战场上斩获的人头数量决定。斩获三颗人头，便可连升三级。体现等级的“级”字，取自首级的“级”，原是计算人头数量的单位。

商鞅的多项改革措施以律法为基准，以重刑确保人人守法，为秦国奠定了政治基础。这种重刑主义，一直延续到了秦始皇时期。

一开始，人们都对严刑峻法颇为不满。但重刑主义确实让违法乱纪的人变少，社会环境变得宜居了，秦国也因此内政修明、耕地猛增、产业兴旺。而且国力提升，军队自然就会跟着变强。

不过，商鞅此人极度自信，其性格原因加之强制推行极权主义体制的行为，最终引来了众怒。在这种体制下，不仅平民百姓犯点小错就要挨罚，宗室贵族也受到了严苛的对待。即便是年幼的太子犯了错，他的监护人也要代他受过。因此，宗室贵族都惶惶不安，恨商鞅恨得咬牙切齿。

商鞅深得秦孝公的信任。有人告诫过商鞅：“万一秦孝公有个好歹，你该怎么办？恨你的人那么多，你的处境很危险啊！”但商鞅也十分信赖秦孝公，对旁人的劝告不以为意。在秦孝公去世后，商鞅果真一下子就失了势。

秦孝公去世后秦惠文君继位（秦惠文君在位第十三年称王），

便是商鞅失势的直接原因。秦惠文君年幼时因触犯法律，连累太师公孙贾替他承受黥刑[1]，太傅公子虔被削掉了鼻子，所以他一旦抓住机会就要把商鞅往死里整。

商鞅得知消息后开始逃亡，逃至函谷关时想要住店，旅店老板问他带没带通行证。根据商鞅的规定，擅自留宿没有通行证的人可能会被处以死刑，因为商鞅无法提供通行证，最后店老板拒绝了他。商鞅作茧自缚，只得逃去秦国旁边的魏国。

然而商鞅曾受任于魏国，后来叛逃到秦国，所以这一次魏国把他遣送回了秦国。无奈的商鞅最终逃回自己的封邑商地，想举兵造反拼个鱼死网破，但他手上那点儿人根本就不够。据史书记载，商鞅造反失败后被诛杀，九族无一幸免。

秦国人行事就是如此心狠手辣，秦始皇也延续了这种作风。

秦国推行的极权主义体制，只要犯法就可能会被砍头。虽然秦国是个动辄打打杀杀的地方，但百姓也正是因为如此才被管得服服帖帖。

归根结底，任用异国人是秦国的传统。只善于畜牧狩猎的秦国人，在这一点上表现出了前所未有的虚心。他们承认自己不是文明发达的国家，没有拿得出手的思想文化，这才不拘一格地引进异国的东西，任用异国人才。

也许有人会责备秦国人为什么自己不求上进，但在秦国人的

[1] 黥刑，在脸上刺上记号或文字并涂上墨，古代用作刑罚。

思维中，与其自己求上进，还不如充分利用异国人的才智。这也是畜牧人的特点。

很久以后，成吉思汗征服世界后也不打算和族人从零开始，既然有现成的好东西和现成的工匠，能用为什么不用？并且，成吉思汗十分重视工匠。

秦国也秉持着类似的观念：异国人又有何妨，知人善任才最重要。秦国不仅重用人才，俸禄也给得多，那些自恃有才的人岂有拒绝的道理。商鞅就是这些人才中的一员。他让秦国变成了法治国家，更准确地说应该是奉行重刑主义的国家。在此基础之上，秦国又迎来了秦始皇，一位最适宜沿用商鞅之策的君主。

时势造英雄

秦始皇的出现并非偶然，他是应运而生的英雄。秦始皇所在的时代，也是生产力飞速发展的时代。

尽管这段时期被统称为春秋战国时代，但关于春秋时代和战国时代的起止时间却说法不一。不过可以确定的是，周幽王被杀，周王室迁都洛阳就是春秋时代的开端。

至于春秋时代的结束时间，有人认为是吴越争霸结束后（吴国于公元前 471 年灭亡），还有人认为比这更晚，应该是位于山西省的晋国分裂成三个国家（魏、韩、赵）的时候。

中国北宋时期著名的政治家、史学家兼文学家司马光在其所撰写的《资治通鉴》一书中，开篇就提到了三家分晋（公元前 403 年），并将三家分晋作为春秋战国的分水岭。如果让我来划分，我不会以国家灭亡或分裂作为标准。虽然不知道铁器的普及具体是在何年何月，但我认为这才是春秋时代结束的标志。

因为铁显得破旧又极易变形，在青铜器时代，人们都认为铁是恶金，即劣质金属；青铜是美金，即优质金属。直到后来楚国生产出了黄金，冶铁技术提高，才锻造出了坚固耐用的铁。

“铁”字也写作“銕”。夷指中国东部，名剑的传说和名匠的故事大多来自东部，尤其是东南部的吴越之地。越王勾践剑曾在日本展出。据说这把剑尽管在地下埋了两千多年，出土时依然锋利如新。有这样的文物或许可以说明当时的冶炼技术已经十分发达了。

有学者认为中国的冶铁术来自西亚地区，但现在看来或许并非如此。中国从一开始便采用铸造工艺，将铁水注入铸模里冶炼。西方国家则采用锻造工艺，以均匀敲打的方式冶炼。所以，我认为中国的冶铁术是独创的。

人们学会用廉价的铁制造兵器和器具之后，实现了从木石农具到铁农具的飞跃。因此，在春秋战国交替之际，生产力得到了极大的提高。

战国时代和现在不同，没有人规定土地归谁所有，想怎么扩张地盘都行。没有铁农具的时候，生产力水平低下从而限制了人们开垦土地的自由。一旦铁农具普及，就意味着各诸侯国的人都可以向郊外大幅扩张领土，谁开垦的土地就归谁所有。

每个诸侯国都有国君。在战国时代，国君手下的人奋力开垦土地，逐渐变得比国君还有实力，以至于弱肉强食、以下犯上的事时有发生。

春秋与战国的区别就在于，一个是知礼守礼、忠君爱国的时代，一个是礼崩乐坏、能者居之的时代。这也是环境使然，毕竟在战国时代多得是变身为强者的机会。国君手下的大臣心想，反正国君也没帮忙，我独立开垦的土地就不属于周王室或国君，只属于我自己了。这样想着想着，大臣对国君的忠诚就开始变味儿了。

两种治国之道

春秋战国时代流传着两种治国之道，分别是“王道”和“霸道”。及至战国末期，孟子的出现让“王霸”之辩盛行一时。所谓王道，是以仁义治天下。所谓霸道，则是以武力平天下。

春秋时代出现的霸主，在其他诸侯国中处于领导地位。齐桓公是春秋时代的首位霸主，他在齐国都城临淄的稷门聚集众多学者，对他们礼遇有加。这些学者并不干政，只是单纯地研讨学术和思想。招纳天下贤才，正是齐国得以跃居强国的重要原因。

秦国是以武力平天下的霸主国，对孟子宣扬的王道理论完全不屑一顾。虽然秦国内政安稳，但不过是用重刑维持着。然而国家安定并不等于民心安定。秦国百姓内心充斥着不满却不敢明说。正是因为秦国的国风不允许有半点批评的声音，这与齐国的王道治国截然不同。统治阶级因为没人批评倒是轻松省事了，但百姓的忍耐是有限度的。真不知道秦王到底有没有察觉到百姓内心的不满。

虽然不知以“霸道”治国可以维系多久，不过秦始皇能够兼并六国也不是仅凭武力。秦国积蓄已久的实力才是最强大的依靠。商鞅贡献的政治力量，还有郑国这种异国技术员贡献的技术力量，都对增强秦国的实力起着不可忽视的作用。

第三章 少年秦王的秘密

秦始皇帝者，秦庄襄王子也。庄襄王为秦质子於赵，见吕不韦姬，悦而取之，生始皇。以秦昭王四十八年正月生於邯郸。及生，名为政，姓赵氏。年十三岁，庄襄王死，政代立为秦王。

——《史记·十二本纪·秦始皇本纪》

上位的周折

任秦始皇本人如何雄才伟略，如果不能登上王位，什么霸业都是空谈。那么他在当上秦王之前，究竟经历了怎样一番周折呢？

战国时代有七个强国，也被称为“战国七雄”。秦始皇出生在“七雄”中赵国的都城邯郸。他生于别国，是因为他的父亲子楚[1]当时在赵国当质子。在那个时代，再强盛的国家也免不了要和别国争夺、交换质子。但是最受重视的孩子一般会留在国内，不会被送走。

质子的人选，按理说应当是资质平庸之辈，然而选人时孩子们年纪尚小，国君很难分辨孰优孰劣。所以被送去当质子的孩子，

---

[1] 子楚，即秦庄襄王（公元前 281 ～前 247 年），又称秦庄王，嬴姓，赵氏，本名异人，后改名为子楚（一作楚）。秦孝文王之子，秦始皇之父，战国时期秦国国君。

往往都是不受国君宠爱的女子所生。秦始皇的父亲子楚就是因为生母夏姬不得宠，才连带着不被安国君疼爱。

当时，秦始皇的曾祖父秦昭襄王，已经统治了秦国很长一段时间。秦昭襄王四十年，秦国太子去世了。两年后，安国君[1]被立为新的太子。待秦昭襄王寿终正寝后，安国君就可以顺理成章地登上王位。

安国君有二十几个儿子，秦始皇的父亲子楚也是其中之一。除子楚之外，他的众多兄弟都在秦国的都城咸阳。在安国君被立为太子的那一刻起，就意味着他们每个人将来都有机会继承王位。

安国君深爱一位唤作华阳夫人的女子，两人的感情如胶似漆。假如华阳夫人有孩子，她的孩子无疑会是下一任太子。但不知为何，她并没有生下一儿半女。

既然安国君的二十几个儿子都不是华阳夫人之子，在这一点上兄弟们也算是站在了同一条起跑线上。子楚虽然也因此有了一丁点儿继位的可能性，却终究不如在咸阳的兄弟们有优势。

---

[1] 安国君，即秦孝文王（公元前 302 ~ 前 250 年），嬴姓，赵氏，名柱。战国时期秦国国君，秦昭襄王次子，秦庄襄王之父。

商人吕不韦的投资

正值此时，一位关键人物出现了，他就是吕不韦（？～公元前 235 年）。据《史记》记载，吕不韦是位商人。作为商人自然要周游各地收购便宜的货物，然后找个能卖好价钱的地方将货物卖出去。吕不韦也是因为做生意才来到邯郸，进而听说了子楚这号人物。

“如今秦国的子楚在赵国当质子，但似乎并不受母国的重视，生活用度少得可怜，过得很是拮据。赵国也因为他不是重要的质子，待他十分冷淡。”吕不韦凝神思索着，“我遇到子楚，或许是捡到宝了。”

吕不韦设法接近陷入绝望的子楚，对他说道：“我想光大你的门庭。”

“说得好听，你还是先担心自己的门庭去吧！”子楚挖苦道。

可见，这时的吕不韦还不是了不起的大商人。

听罢子楚的挖苦，吕不韦答道："你的门庭光大了，我的门庭自然也跟着光大了。"子楚考虑片刻，便明白了他的意图，两人当即制订了一份计划。

吕不韦负责打入秦国内部，不过要打入内部肯定少不了花钱。虽然吕不韦这时并不是大商人，但他硬是筹措到了资金，去游说秦国有头有脸的人物。

首先，吕不韦向秦国的达官显贵强烈推荐子楚，称他是拔尖儿的青年才俊，与各地实力雄厚的诸侯都有交情，并且深受众人信赖。事实上，子楚能有这番成就，还要感谢吕不韦给他交际应酬的银两，让他在与各地诸侯你来我往的宴请中提高了自己的声望。

下一步，是摆平华阳夫人。不过亲自向华阳夫人进言并不现实，吕不韦选择拉拢华阳夫人的姐姐，让她给华阳夫人提一个收养子的建议，并替子楚多说说好话。

"安国君现在很宠爱你，可是你没有自己的孩子。男人宠爱你是因为你长得漂亮，等你人老珠黄了，你看他还爱不爱你。如果有个孩子，到时候还有人照顾你，问题是你没有啊！你打算怎么办？不如收一个养子吧。"

这话说进了华阳夫人的心坎里。没有孩子，今后谁来给自己养老送终？万一安国君不在了，真不知道前方等待着自己的是什么。

华阳夫人的姐姐见妹妹终于有了收养子的打算，立刻就举荐了子楚。

“在赵国做质子的子楚聪明过人又孝顺父母。他也知道自己排行居中，对于被立为继承人的可能性很低，而且他虽然人在赵国，却时刻惦记着父亲安国君和你呢！”

于是，华阳夫人向安国君哭诉道：“自己有幸成为您后宫的一分子，然而特别遗憾自己没能为您生下后代，我希望把在赵国做质子的子楚收为养子，以便往后有个依靠。”安国君听后欣然同意。

如此一来，子楚离成为太子也就八九不离十了。

为王铺路的商人

由此可见，秦始皇最终能当上秦王，归根结底离不开吕不韦的运作。吕不韦是商人，就当时的情景来讲，也可以说商人是通向王位的铺路石。

事实上，春秋时代的商人普遍身份低微，无权无势。到了春秋末期，商人的实力才逐渐变得庞大，富商巨贾接二连三地涌现了出来。例如范蠡曾在吴越争霸中帮助越王勾践消灭吴国，此后辞去丞相之职，从海路抵达位于山东半岛的齐国，在那里做起了生意，成了家财万贯的富豪。史书上有这样的记载，或许在这之后，还出现过十个百个“范蠡”这样的大商人。

同一时期，孔子的弟子子贡也是富甲一方的商人。当时，各地都有这样的富豪，这当中有一部分人或许是地主，不过也足以说明商人的实力有多么强大。

商人会为了盈利而想尽办法。他们不光懂得将货物低价买进高价卖出，还试图插手政治。

“如果我助他登上王位，他就掌握在我的手中了。他倚仗我才能称王，必定会善待于我。这个国家有那么多油水，总该让我捞一点儿啊！”

“好比盐铁专卖吧，要是能参与这种国家垄断的生意，还愁没机会大赚一笔吗？这可比进完货再到处兜售要强得多。”

诸如吕不韦之类的大商人，基本都是这样的心理。

秦始皇生父之谜

经过精心铺垫，吕不韦终于让子楚成了华阳夫人的养子。这一切看似进展得很顺利，却偏偏在这时出了一丝差错。子楚对吕不韦的爱妾一见钟情，竟要求吕不韦将她送给自己。

赵国邯郸多出名妓，吕不韦的爱妾自然也是能歌善舞、貌美如花之辈。吕不韦虽不忍割爱，又唯恐子楚遭到拒绝会和自己一拍两散。到那时，自己不仅血本无归，之前的辛劳也会化作泡影。想到这些，吕不韦只好把美人送给子楚。美人与子楚成婚后，生下了一个男孩，并给他取名为“政”。这个孩子，就是后来的秦始皇。

然而据《史记》中的《吕不韦列传》记载，吕不韦的爱妾在嫁给子楚之前便已有了身孕。按照这种说法，秦始皇就成了吕不韦的私生子。在我看来，这简直是荒谬至极。

秦国人绝对不可能拥戴血统不纯的人为王。秦始皇登基时才十三岁，还无法独立执政。如果秦国人知道他不是王室血统，一定会把他拉下王位。可是他不仅稳坐王位，秦国的老臣们还齐心协力地辅佐他，这说明他在那个时候很得民心。并且秦始皇的宏图大业需要众人配合才能实现。虽然秦国对外树敌无数，对内却保持高度团结。我认为，正是这种团结扶持着十三岁的少年君王从雏鸟成长为雄鹰。

我们在阅读史书时，要留意这段历史是由谁写的。秦朝在秦始皇死后两三年就灭亡了，所以撰写秦史者只有可能是后来的史官，而非秦国自己的人。而且秦始皇先后消灭了韩、魏、燕等六个国家，恨他的人不在少数。所以我们应该意识到，很多对秦始皇不利或者让他颜面受损的事，在史书中都是被刻意放大过的。所以每次看到那种诱导读者认为秦始皇是吕不韦之子的措词，我就会想,这应该是那些被秦国灭国的人,带着满腔怨恨写出来的吧。

后来，在继秦昭襄王之后，安国君成了新一任秦王。谁知安国君在登基三天后突然身亡。随后子楚继位，但他也只在短短三年后便撒手人寰了。公元前 246 年，秦庄襄王年仅十三岁的儿子嬴政（秦始皇）继位。

虽然当上了一国之君，秦始皇却无权独自做任何决定。吕不韦自秦庄襄王在位时便担任丞相，继续辅佐年少的秦王也是合情合理。这时的吕不韦，在秦国可谓是权倾朝野。

另一方面，风流的母亲也让少年秦始皇十分头疼。赵国都城邯郸是秦国人眼中的纸醉金迷之地。秦始皇的母亲曾是绝色舞姬，在邯郸不知有多少人曾拜倒在她的石榴裙下。据说她天生多情，在秦始皇登基后，她身为太后还与吕不韦藕断丝连，不过这传闻是真是假就不知道了。

据史书记载，吕不韦曾将一个名叫嫪毐的男人送进了严禁男性出入的秦国后宫。嫪毐后来不仅成了太后的男宠，还借机玩弄权术。吕不韦在秦国后宫安插嫪毐这枚有力的棋子，恐怕是意在通过后宫操纵整个朝廷。

嫪毐的身份是宦官，但书上说他并不是真正的宦官。而男人冒充宦官混入后宫，是败坏后宫风气的。后宫风气不正，与国君是个年仅十三岁的少年也有关系。

秦始皇重掌朝堂后，第一件事就是整顿乌烟瘴气的后宫。他诛杀了母亲的男宠嫪毐，派兵镇压其发动的叛乱，并将母亲逐出咸阳，幽禁了起来。至于吕不韦，秦始皇则命令他前往封邑河南洛阳。去了洛阳之后，吕不韦又受命前往蜀地。不过他最后落得个服毒自尽的结局。

就这样，秦始皇终于解决了受困已久的家庭问题。他从 13 岁登基继位开始，就一直想快点儿解决这个心病，想把家事处理得妥妥当当。

自此，秦始皇虽然摆脱了家庭问题的困扰，可惜命运和他开了一个天大的玩笑。命运的安排令他将他最出色的儿子贬去遥远的长城，并传位给最无能的儿子，可谓是无比讽刺。当然，这些都是后话了。

《吕氏春秋》诞生史

秦始皇在解决家庭问题的过程中，扳倒了父亲秦庄襄王的恩人吕不韦，甚至逼他走上了绝路。吕不韦手下有门客三千，势力不容小觑，或许也正是这一点触碰到了少年秦始皇的逆鳞。

战国时代，各国都出现过拥有三千门客的权贵。比如魏国信陵君、楚国春申君、齐国孟尝君、赵国平原君等。他们当中有宗室贵族也有大臣，其共同点是他们都具备豢养三千门客的经济实力，权势更在国君之上。这三千门客，学问和武术自不必说，除此之外还各自都有一技之长。各国的权贵，便是利用门客们的学识和经验，逐步扩大自身的势力范围。

也许是因为秦王集权于一身，起初唯独秦国没有出现这样的强者。但是后来，吕不韦还是成长为这样的权贵。吕不韦在他一生中最风光的时候，招收了众多身负绝学的人，这些人之中的大部分后来都成了他的门客。他们参考孔子、老子、韩非子等人的主要观点和其著作，编纂出了百科全书式的典籍《吕氏春秋》。全书共二十六卷，一百六十篇，吸取各家之长的同时又不生硬照搬其观点，而是发展出了自己的特色。以上这些或许也可以作为秦始皇是吕不韦之子的证据。

无论如何，我始终认为秦始皇的大多数行事作风都深受其原生家庭影响。

孟春營室候東風令相司天鼓布農樂工習舞明祀與禁毋伐覆鳥稱哉春秋前云春王正月以其為一歲開四時也乃其存王之意與若曰孟春者亦微有春秋意也敍其說為最詳東方甲乙木其色青故其本服

呂氏春秋卷一

孟春紀

正月紀

宋鏡湖遺老陸游評
明天目遺史凌稚隆批

一曰孟春之月日在營室昏參中旦尾中其日甲乙其帝太皞其神句芒其蟲鱗其音角律中太簇其數八其味酸其臭羶其祀戶祭先脾東風解凍蟄蟲始振魚上冰獺祭魚候鴈北天子居青陽左个乘鸞輅駕蒼龍載青旂衣青衣服青玉食麥與羊其器疏以達是月也以立春先

第四章 踏上统一全国之路

秦王曰：『毛羽未成，不可以高蜚；文理未明，不可以并兼。』方诛商鞅，疾辩士，弗用。

——《史记·七十列传·苏秦列传》

大一统的助力者

说起秦始皇最大的功绩，排在第一位的定是“统一中国”。不过“中国”的古义和今义有所区别，古代用“中”字做前缀的意思是“……的中心”“中国”即“国家的中心”，即都城，或是都城周边的地方。所以，此处还是说秦始皇“统一天下”更合适。

“统一天下”一词给人秦始皇凭一己之力强行统一的感觉。但是，当时的百姓不仅期盼统一，还积极地促进统一。所以我希望各位读者能明白，秦始皇统一天下是大势所趋、民心所向。

与此同时，实力渐长的商人阶层，逐渐成为促进天下统一的重要助力。商人期盼统一的同时，也采取了实际行动。就如同秦始皇能当上秦王离不开商人吕不韦的运作。吕不韦这样的大商人，已经强大到足以拥立新王，而在吕不韦背后，还有成百上千个这样的商人。

秦始皇在统一天下后采取了许多对商人十分有利的措施：统一度量衡，让各地使用容积相同的量器，为商人做生意敞开了便利之门；统一文字，让各地的人能看懂同一封信，对商人也大有裨益；统一轮距，则让商人可以驾着同一辆马车走南闯北。

但是秦始皇做这一切，并不代表这是他念在商人拥立他登上王位有功，才通过种种制度额外照顾商人的利益。这时实力已经十分雄厚的商人早早便开始在全国范围内行商，对于这些商人来说，统一不过是对他们来说更为便利了而已。

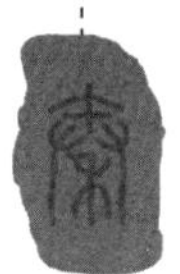

跨越国境的人

除了商人，还有很多人也长年生活在异国他乡。比如秦始皇的父亲子楚去赵国当质子的时候，还带走了他的奴仆和亲信。

此外，还有许多人处在颠沛流离之中。早在春秋时期，重耳（晋文公）曾在异国漂泊了十九年，才终于回国当上国君。重耳在各国流浪期间，有人重视他，也有人漠视他。郑文公就曾对重耳冷淡敷衍道："流落在外的公子那么多，我哪有闲工夫一个一个搭理啊！"

当时每个国家都有内乱。一人掌权之后，反对他或是忌惮他的人，以及留在国内随时可能没命的人都会逃到异国去。重耳便是这样，除他以外还有曾经逃到齐国的陈国太子田完。这些逃亡的人形成了一支人数可观的队伍，漫无目的地到处流浪。

被交换的质子在各国辗转，逃亡的人在各国流浪。在我看来，这也是为天下统一所做的准备。

此外，据《史记》记载，春秋时代有十二个诸侯国，到了战国时代就只剩七个了。“战国七雄”是经过淘汰后留下的强者。这七个国家激烈角逐，为了战胜对手而拼尽全力，这份努力甚至跨越了国境。

前文提过秦国重用异国人才，积极吸收来自外部的养分，但事实上并不只是秦国这样，其他国家同样任人唯贤，不会歧视来自异国的人。

为了在战国时代的激烈竞争中笑到最后，每个国家都走上了富国强兵的道路。富国强兵需要人才，而人才也在寻找自己的用武之地。

位于山东半岛的齐国，曾将众多学者以及身怀一技之长的人聚集在都城临淄的稷门，让他们住进大宅院，并给他们卿大夫级别的待遇。哲学家也好，画家也罢，但凡是有识之士，统统来者不拒。

这些“稷下学士”并不用为齐国办

【陈说】

临淄城有十三座城门，西门之一的“稷门”十分有名。齐国在稷门附近建造了一批宅邸，网罗天下学者。这些学者并没有在齐国任职，只是在此研究思想学问，便可以受到上大夫的待遇。上大夫的地位仅次于卿，相较于今天大概是“副部级”的待遇。这些学者的人数据说有数百，甚至上千。

由于没有实际职务，他们的言论或有信口开河之处，但与此同时，正因为不在职能部门，才能够保持思想独立。

人们以他们所居住的地区名称呼这些学者和思想家，称他们为“稷下学士”。

齐国寄希望于通过这些学士的自由讨论，能够提出具有实用性的富国强兵政策，同时也希望通过对学者们的恩惠政策，齐国能够形成尊重学问的风气，从而使人才辈出。不过如果用有色眼镜看待的话，也许会认为齐国企图垄断天下的所有学者和思想家，不使人才外流。

战国时代的竞争十分残酷，关系到生死存亡，每个国家都在努力寻找富国强兵的方略，同时认识到最重要的是集结人才。

——陈舜臣《中国的历史·第二卷·百家争鸣》

事，他们平时都在自由地研究、讨论，举办类似研讨会的活动。这种现象被称为“百家争鸣”。“百”即“多”，“百家争鸣”也就是各个学派的人在一起唇枪舌剑。

当时，黄河东西两侧过从甚密，南北两岸却疏于往来。春秋末期，南方的越国在吴越争霸中取胜，而后又为楚国所吞并。关于南方为数不多的记载显示，长江中下游西侧的楚国不知在何时与东侧的越国合并成了一个国家。此后，楚国一直对北方的土地虎视眈眈。

如此一来，整个天下的东西南北、四面八方都有了交流，为天下统一奠定了基础。每个人都期盼天下统一，但问题是天下由谁来统一。

合纵还是连横

在天下趋于统一的大势下，秦国是“战国七雄”中军事实力最强的国家。人们并不是因为秦始皇的出现才认为天下会被秦国统一，实则早在这之前就已经有这种看法了。

秦始皇的父亲子楚还在赵国都城邯郸当质子的时候，秦国就曾多次出兵包围了邯郸。秦国国君明知攻打赵国会让子楚没命，却毫不犹豫地这么做了。

在赵国危难之际，齐国的鲁仲连找到魏国大将新垣衍，劝他带兵去增援赵国。

“万一秦国打赢了赵国，变得比现在还强就糟了。秦国这种野蛮的国家越来越强，对整个天下都不是什么好事。”

经过鲁仲连的再三劝说，新垣衍终于同意出兵退秦。如果秦国真的和赵国动起手来，子楚与尚且年幼的秦始皇必死无疑。

所以说救了秦始皇一命的人除了吕不韦，还有唯恐秦国变强的人们——例如鲁仲连。

《史记》记载了鲁仲连对新垣衍说的话。

彼秦者，弃礼义而上首功之国也，权使其士，虏使其民。彼即肆然而为帝，过而为政於天下，则连有蹈东海而死耳，吾不忍为之民也。

鲁仲连道："秦国不懂礼数，是以首功[1]论高低的野蛮国家，不仅用强权胁迫官员听命于己，还把百姓当成奴隶一样使唤。"

他还补充道："如果不幸让秦国得到天下，我决不做这种国家的臣子。与其臣服于秦国，我宁蹈东海而死。"

换言之，要是让他为秦国办事，他宁愿走进海里淹死自己。"蹈海"至今还是"死"的委婉说法。

所以，秦国在秦始皇之前就已位居强国之列，被众人视为争夺天下的强敌。鲁仲连在陈述利害时以秦国得到天下作为前提，说明秦国的强大是人尽皆知的事实。除了鲁仲连，其他人也觉得不能让秦国得逞。他们深知秦国一旦得到天下，自己的末日就要来了，所以都试图削弱秦国的国力。

就这样，一个名为说客的群体开始活跃起来了。

[1] 首功，指商鞅创立的爵位等级制度，即军功根据战场上斩获的人头数量决定。

在这个阶段，说客在各国之间奔走，为国君提供外交和谋略方面的建议。说客当中最有名的，当属苏秦（？～公元前317年）和张仪（？～公元前310年）。二人师从鬼谷先生，习雄辩术，于七国之间游说。

苏秦在秦国以外的六国（楚、齐、韩、魏、赵、燕）游说，提倡“合纵”之策：“六国各自都不是秦国的对手，不如齐心协力，联合抗秦。”秦国则派张仪去各国宣传“连横”之策：“六国何不分别与秦国结盟，借此机会休养生息？”

一种是鼓励六国联合抗秦的策略，另一种是宣扬六国分别与秦国结盟的策略，“合纵连横”其实就是两种外交策略的较量。“合纵连横”针对的目标是秦国，而其余六国因担心秦国太过强大会对自己不利，开始在合纵与连横之间摇摆。

历史名人屈原（公元前340～前278年）是楚国大夫，主张联齐抗秦，因主张不被采纳而离开楚国，最后在绝

【陈说】

屈原深受怀王的信任，政策的展开起初极其顺利。但是，亲齐派的他必然和亲秦派的重臣们形成对立。亲秦派的代表人物为上官大夫靳尚，官位和屈原同级，为了获得楚王的信任，竞争也因此更加激烈。

屈原作为文学家，留下不少优秀的诗篇。他可以在作品中进行自我辩护，上官大夫靳尚是仇敌，自然就是坏蛋。靳尚自我辩护的文字并没有流传于世。《史记》的记述也是以屈原的作品为基础。这种时候，我们似乎应该尽可能地替上官大夫想出一些自我辩护的理由吧。

屈原的亲齐主张未被采纳，楚国采取亲秦的政策，其结果是被秦消灭。如果联齐抗秦，结果会是如

何，不得而知。而且也不知道齐国是否愿意和楚国联盟。唯一知道的是，亲秦政策彻底失败。

屈原精通古今的治乱之术，或许是看穿了秦国冷酷无情的马基雅维利主义，所以认为竭尽全力抗秦才是正确的方法。但是，也不能因此就说主张与秦加深友好的一派一概都是投降派、卖国贼。他们或许相信这种方式更有利于楚国。

——陈舜臣《中国的历史·第二卷·蜀和楚》

望中跳汨罗江自尽了。

当时的秦国就是这样强大到令人绝望。但是，强国在不同的国君手中也有不同的命运。或许是因为秦始皇当上了秦国的国君，加速了天下统一的局面的到来。

性情中人赵武灵王

赵武灵王是赵国的国君，他和秦始皇隔了一代人，性格十分刚烈。在我看来，他原本也有可能取得天下。

赵国与山西省北部的蒙古相邻，所以赵武灵王深知游牧部落的作战方式，以及他们的骁勇善战。为了提高本国军队的作战水平，他计划引入游牧部落的作战方式。

当时中原人并不骑马，只用马来拉战车，然后坐在战车里作战。北方游牧的匈奴人却直接骑在马上射箭，在马背上作战。这种作战方式使得将士移动迅速，十分强悍。赵武灵王认为骑术是游牧部落的王牌，决定将骑术引入国内。但是，光引入骑术还不够。中原人着宽袍系博带，装束和日本的和服差不多，骑马时十分不便。要想骑马，就必须穿便于骑马的裤子。

然而，裤子对中原人来说是野蛮人的服装。当赵武灵王下令改穿胡服时，遭到了保守派的反对。公子成等人认为这是在模仿野蛮人，对此表示了强烈抗议。

赵武灵王开始引经据典，试图说服那些反对的人。

昔舜舞有苗，而禹袒入裸国。

“很久以前，明君舜去了苗族的领地。为了与苗族友好相处，舜和他们一同跳起了苗族舞蹈。瞧瞧，天子都能和野蛮人跳舞，我们怎么就穿不得胡服了？而且，禹作为建立夏朝的明君，去裸国（不穿衣服的国家）的时候也脱光了自己的衣服。舜和禹那么尊贵的人都能入乡随俗，我们当然也可以穿裤子和窄袖短衣作战，那样的话兵士们会比现在厉害得多。”

经过赵武灵王的多番劝说，反对的人终于被说服，赵国也成功引入了“胡服骑射”。接下来，赵武灵王便考虑与匈奴联手从北方攻打秦国。秦国是当时最强的诸侯国，如果能打败秦国，赵国就有可能得到天下。

可惜赵武灵王还没来得及实现霸业，就悲惨地死去了。

据《史记》记载，赵武灵王在一次巡游中梦见一名少女为他弹唱了一曲，他醒来后对这个少女念念不忘，在酒宴上借着酒兴就把这个梦告诉了群臣们。吴广的女儿长得也很美丽，他听说此事后，就托夫人把女儿孟姚献给了赵武灵王。赵武灵王对美人孟姚一见钟情，自从纳她入宫以后，他连续几年都没有上过朝。赵武灵王是个情绪化的人，但也因此充满了热情。正是这份热情让他果断引入胡服骑射，也让他爱得死心塌地，对孟姚也是百般宠爱。为了心爱的孟姚，他甚至决定废掉自己跟第一任妻子韩氏生的儿子赵章的太子头衔，改立他和孟姚所生的儿子赵何为太子。

赵武灵王原本打算扩张国土面积，将赵国一分为二，让赵章和赵何两人分别为王。原本属于赵章一个人的太子之位现在到了赵何的手里，废太子赵章当然咽不下这口气，无奈之下发动了政变。政变失败后，赵章一路逃到了父亲赵武灵王的行宫。赵武灵王为了恢复自由身，这时已经把王位传给了赵何，别人都称他“主父”（国君的父亲）。之前对“胡服骑射”表示强烈抗议的公子成率兵追来，将行宫层层包围，当场诛杀了赵章。叛乱虽已平定，但追兵仍然没有撤退之意。

虽说公子成等人不是冲赵武灵王来的，但包围前任国君的行宫也得吃不了兜着走。于是他们围而不打，断水断粮，赵武灵王得不到食物只好去掏鸟窝以雏鸟充饥，就这样坚持了三个多月，最后饿死在了宫中。

后来，赵国出现过廉颇、蔺相如等不世之材。如果赵武灵王没有死，他或许会和这些人才一起把赵国变得非常强大，并与北方的匈奴联手攻打秦国。赵武灵王不是泛泛之辈，他对女人死心塌地、决定引入“胡服骑射”，这些都显示出他的果敢。

赵武灵王本来有可能在秦始皇之前统一天下，但他被活活饿死之后，赵国便因此失去了得到天下的机会。楚国原本也有能力争夺天下，后来也错失了良机。天下最终还是等待着秦国能有一个非凡之人实现统一大业。

秦始皇登基时还是少年，性格特点并不明显，但我认为他从小就有不同寻常的一面。谜一般的身世、纷乱的家事……能感觉到他把所有的事都藏在心里，在一边冷眼旁观。

天下大势分久必合，人们期盼统一，也在促进统一。秦始皇若不是正好出现在这个时候，也许就不会有那么辉煌的成就了。这就叫时势造英雄吧。

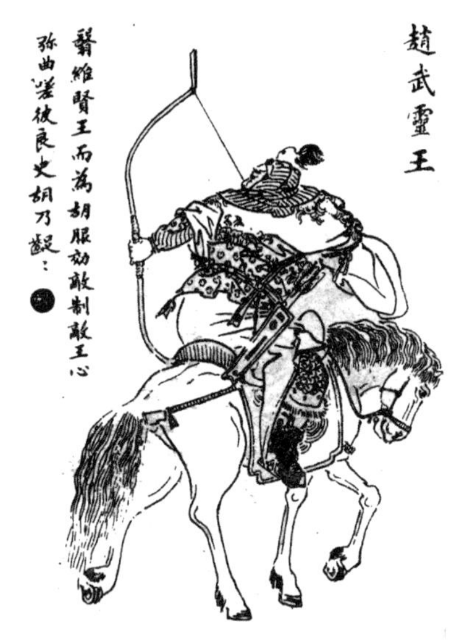

图片来源：绣像本《东周列国志》

第五章 独裁者的阳面与阴面

秦王从其计，见尉缭亢礼，衣服食饮与缭同。缭曰：『秦王为人，蜂准，长目，挚鸟膺，豺声，少恩而虎狼心，居约易出人下，得志亦轻食人。我布衣，然见我常身自下我。诚使秦王得志於天下，天下皆为虏矣。不可与久游。』

——《史记·十二本纪·秦始皇本纪》

秦始皇与阿克巴大帝

关于秦始皇的为人，我们只能从前人的记录中了解一二。当你阅读文字资料时，千万不能忽略作者是何许人。

秦始皇死后，秦朝以迅雷不及掩耳之势灭亡，秦始皇的子孙甚至来不及为他辩解什么。后来刘邦战胜项羽，赢得天下，建立了汉朝。由于汉朝与秦朝是完全不相干的两个朝代，加之被秦始皇灭国的人太多了，所以可以想到秦始皇的历史形象在一定程度上被丑化了。

尽管如此，我们仍然不能否定秦始皇是人中龙凤。他年幼丧父，十三岁就在吕不韦的扶持中登上了王位。

说起十三岁登基这件事，我不禁联想到了印度莫卧儿王朝（公元 16 世纪）的阿克巴大帝。一支由中亚途经阿富汗进入印度的势力，最终建立了莫卧儿王朝。该王朝的第三位皇帝阿克巴大帝甚至将疆域扩至印度洋，建立起了庞大的帝国。

阿克巴大帝与秦始皇一样，都在十三岁的时候登基，而代他理政的是一位名叫白拉姆汗的大臣。在那场曾经关乎莫卧儿帝国存亡的帕尼帕特战役中，帝国全靠白拉姆汗才获得胜利。然而，阿克巴大帝在登基第六年就罢免大恩人白拉姆汗，不久后又派人暗杀了他。

作为回顾历史的人，我十分钦佩阿克巴。他是出色的统治者，对宗教信仰也表现出了非常的包容与理解。他虽然信奉伊斯兰教，但他的妻子们都是印度教教徒。参观阿格拉的历史古迹时，还能看到他的妻子们住过的印度传统式建筑。例如宏伟的阿格拉堡，融合了印度和伊斯兰的艺术风格。

一个人能如此对待不同的信仰确实伟大，但与此同时，杀掉对自己忠心耿耿的大臣也让人无法原谅。

同样十三岁登基的秦始皇，在十年后杀掉了摄政的吕不韦。他与阿克巴大帝，都除掉了早年帮自己摄政的大臣。一样更准确地说，应该是吕不韦以为秦始皇让他去蜀地是要杀他，而后自己选择了服毒自杀。

秦始皇和阿克巴大帝之间，真的有一些相似之处。独裁的帝王大多是极度自信的人，他们或许都会对扶植养育自己的人产生厌恶。能实现天下统一的霸业，必然不是普通人的心肠。说得好听点儿，就是意志坚强，能忍常人所不能忍。说得难听点儿，就是铁石心肠，能为常人所不能为。

秦始皇与成吉思汗

兼并六国其实并不全是秦始皇一个人的功劳。秦国原本就国力强盛，在此之前已经有了一定积累。在思考秦始皇的为人时，不禁令人想起秦国在他登基数百年前的建国历程。

秦国算是新兴国家。秦国地处西北，相较于一直在中原的各诸侯国，因侍奉周天子获得伯爵侯爵之位，被授予封地，秦人则是因为护驾有功才得以跻身诸侯国之列。西北之地不过是因为秦人擅长畜牧，周天子就随手分封给了秦国。

也就是说，秦国原本就带有许多游牧部落的特色。所以，秦国的国君也具备鲜明的游牧部落首领的特征，与后来出现的成吉思汗还有帖木儿有几分相似，都是绝对的独裁者，不允许别人违抗自己的命令。

游牧民族通常会带着牛、马、羊不断迁徙。如果遇到分岔的路口，首领要向东走，民众就不会说要往西走。独自往西走的话，只能在草原上饿死。整个部落都要听首领的命令，自然认定首领无所不知，在他的率领下行动。

倘若目的地没有给羊吃的草，羊群和放羊的人就都会饿死。部落每个人的命，都攥在首领手中，如果首领无能，也就害惨了跟随他的人。所以，首领要能通过云的状态判断出附近哪里五天之前下过雨，水草丰美，现在带着羊过去正好能吃个饱。

首领还要能够听出旅行者的话中虚实，选取必要的信息。要做到这些，需要聪明的头脑、丰富的经验，还要有一定的天文学知识。只有这样的人，才能被选为首领。

游牧部落的首领虽是独裁者，但不代表子民们会反对独裁。正相反，他手下的子民也希望他实行独裁统治。按照首领说的做就不会挨饿，还可以打胜仗、分战利品，大多数人都是自愿跟随首领的。

成吉思汗就是这样的一位首领。成吉思汗出身于没落贵族，他年轻时没有朋友也没有仆人。但是在他得势之后，人们纷纷跟随他，军队的势力也随之壮大。

跟着成吉思汗可以吃饱饭，打胜仗，分到成堆的战利品，追随他的人自然越来越多。这当中有土耳其人、斯基泰人，形形色色的人从四面八方涌来，很快就集结成了庞大的势力。而且，这些人都甘愿听命于成吉思汗的独裁。

秦国也有这样的倾向，秦始皇的每一代祖先都是独裁者。而在秦国这个国家所感受到的游牧部落的特质中，最大的特点就是利字当先。只要他们认为一个东西好，才不管是否名正言顺，统统都收为己用。

成吉思汗也是这样。只要擅长作战，哪怕是敌人也可以收编。只要擅长处理财政，不是蒙古族也没关系。实际上，蒙古的重臣基本都是西域人。成吉思汗手下那几位名叫穆罕默德的大臣都是穆斯林，而中书令耶律楚是契丹人。成吉思汗任人唯贤，便带有利字当先的色彩。

秦国也有这样的传统。比如那位有名的孟尝君。他身为齐王的侄子，是宗室贵族，颇有名望，手下云集了各种各样的人才。公元前 299 年，秦始皇的曾祖父秦昭襄王想将孟尝君收为己用，孟尝君便带着手下的人来到了秦国。但是秦昭襄王身边的人十分嫉妒，便挑唆秦昭襄王打消这个念头：“孟尝君可是齐王的侄子，恐怕是佯装效忠我国，实则为齐国谋取利益。”

秦昭襄王觉得这话有道理，但他也不想就这样放孟尝君回国。这样的贤才，如果不能为己所用，还不如杀了他，让别的国家也得不到他。在这种心理的作用下，不久孟尝君就被抓了起来。

孟尝君不愿坐以待毙，于是开始思考脱身之计。在此过程中还发生了一件非常戏剧化的事，人称“鸡鸣狗盗”。

为了营救孟尝君，他手下的人思前想后，决定从秦昭襄王宠爱的女子入手。这位女子要求的报酬是一件狐白裘。狐白裘就是用狐狸腋下的白毛制成的披风，要一千只狐狸的白毛才得一件，极其珍贵。虽然孟尝君把这件披风带到秦国，但却已经献给了秦昭襄王。

孟尝君手下有不少能人，其中就有一个名叫“狗盗”的神偷，“狗盗”的名声源于他擅长模仿狗叫。为救孟尝君，这个人把献给秦昭襄王的狐白裘偷了出来，又转送给了那位女子，孟尝君也因此得以释放。

重获自由后，孟尝君连忙启程回国。谁知秦昭襄王又反悔了，命人去追赶孟尝君一行人。孟尝君一行人逃至函谷关，正赶上半夜城门紧闭。按照当时的规定，要等鸡打鸣了才能开启城门。孟尝君手下人才济济，不仅有神偷，还有善于模仿动物声音的人。这人灵机一动，模仿鸡打鸣的声音。守城的士兵听到鸡叫声打开城门，孟尝君就此顺利脱身。

只要是有用的人才我都要用，才不管他是齐王的侄子还是谁。如果不能为我所用，我就要杀了他。这就属于游牧部落那种利字当先的想法。秦国每一代的国君都和游牧部落的独裁君主非常相似，百姓也愿意接受统治者的独裁，并寻求统治者的指示。秦始皇也正能满足百姓的这种期待。

据《史记》记载，秦朝建国是由尉缭计划，李斯执行。尉缭是大梁人[1]，他曾为秦始皇相面：

[1] 大梁，魏国都城，位于今河南省开封市西北。

秦王为人，蜂准，长目，挚鸟膺，豺声，少恩而虎狼心，居约易出人下，得志亦轻食人。

“秦始皇这个人，高鼻梁，细长眼，有鸷鸟一样的胸膛，豺狼一样的声音。刻薄寡恩，心如虎狼，处于穷困潦倒时能甘愿为人之下，得志时也容易反过来咬你一口。”

有人说尉缭姓尉名缭，也有人说尉缭是官衔名称。这个人物是否真实存在还未可知，但《史记》称秦始皇非常中意尉缭，常让他陪伴在自己左右，准许尉缭的吃穿用度都和自己一样，并对对他非常谦逊。秦始皇为一个外来的大臣做到如此地步，但尉缭十分感谢秦始皇对自己的知遇之恩的同时，仍觉得秦始皇是为达目的不择手段的人，真有必要的时候搞不好还会对你卑躬屈膝。

卑躬屈膝并不代表这个人很老实，正相反，他若是得势就要“食人”。他可以向你下跪，也可以残忍地杀害你。他可以谦逊到尘埃里，也可以狠狠把你踩在脚下。想到这里，尉缭丢下一句“不可与久游”便想速速逃走，但是秦始皇又拦住他不让他走。

尉缭想逃走，一定是因为发现了秦始皇现在对自己客客气气，将来也有可能翻脸不认人。他或许还预感到秦始皇会因为这种特质，变成整个天下的统治者。

频繁遇刺

秦始皇身上既有让人琢磨不透的特质，又有游牧部落首领的独裁特点。这种人你拿他没办法。但他又实在太过强大，再不想想办法的话，就只能坐以待毙。“如果秦王不在了，危机是不是就自动解除了？”有人带着这样的想法，开始计划刺杀秦始皇。

在那时，“七雄”之一的燕国与匈奴、东湖接壤，位于整个战国版图最北方。它本来离秦国很远，但秦国一步步向它逼近。韩国已经被消灭，秦国下一个目标便是燕国。燕国太子丹决定一不做二不休，派荆轲去秦国刺杀秦始皇。

荆轲作为燕国使者赴秦，在拜访之前必须准备一些能勾起秦始皇兴趣的礼物，总不能两手空空地去。于是，荆轲假借进献燕国沃土督亢之名，带了一卷地图。当时还没有纸，地图是画在绢布上卷成一卷的。

当时觐见秦始皇的人别说剑了，就连寸铁之物都不许携带。

荆轲把匕首藏在了地图的最里侧才得以蒙混过关。在秦始皇面前，荆轲说要把进献的土地指给他看，便摊开了地图。图穷匕首见，荆轲拿起匕首就向秦始皇刺去。

然而，匕首太短刺不到秦始皇，功败垂成。荆轲不出意外地死于秦始皇的屠刀之下。而燕国太子丹的刺杀计划也随着荆轲的死亡宣告失败。

秦国经过祖祖辈辈的积累，早已具备了统一天下的实力，而秦始皇只是恰好在这个节点上出现，抓住了契机。但是，如果秦始皇没有出现，或许天下统一的局面就会推迟，甚至根本无法实现。秦始皇对其他诸侯国威胁太大，以至于各国国君都希望他消失，觉得不将他除去就无法挽救自己的国家。

秦始皇登上历史舞台，统一天下，是中国历史上的一条分界线。自此，“中国是一个整体”就深深地刻在了中国人心里。而这也不过都是秦始皇独特的性格所造成的结果。

第六章 万里长城与骁骑民族

南取百越之地，以为桂林、象郡，百越之君俯首系颈，委命下吏。乃使蒙恬北筑长城而守藩篱，却匈奴七百馀里，胡人不敢南下而牧马，士亦不敢弯弓而报怨。

——《史记·三十世家·陈涉世家》

名扬天下的万里长城

一提起秦始皇，人们便会下意识地想到万里长城，以至于容易误把整座长城当成秦始皇的杰作。其实，战国时代的各个国家都分别修建了城墙。此举一是为了明确本国的领土范围，二是为了抵御外敌。

例如燕国、赵国、魏国和齐国就沿着本国的边境线，修建了燕长城、赵长城、魏长城以及十分出名的齐长城[1]。秦始皇统一天下之后，便将各国修建的长城连接、加固，或继续向北延伸。整修过的长城长城东起辽东，西至临洮[2]，《史记》称其“延袤

[1] 齐长城，始建于春秋时期，建成于战国时期，历时约170年筑成。是目前中国现存有准确遗迹可考、保存状况较好、年代最早的古代长城，也被誉为“长城之父”。

[2] 临洮，位于今甘肃省内。

万余里”。

从地图上来看，长城的总长度大概有2700千米。但长城有高低起伏，个别位置还有两三层，把这些都算进去大概就有5000千米了。在古代中国的1里约等于500米，那么5000千米就约等于1万里，由此看出长城的长度并没有被夸大。

中国人很注重实际，光是“长城”还觉得不足以显示有多长，一定要称之为“万里长城”才满意，并且长城也确实有一万里那么长。

梵语里有一个词，多用于形容“飘忽不定、瞬息万变的事物”。在佛教典籍的汉译本里，这个词被译作“云水”。要说飘忽不定、瞬息万变的事物，不就是那天上流动的云，和地上流淌的水吗？在中国人看来，云和水与这个词形容的事物一样，都不会在同一处停留，拿来做译名正合适。此外，中国人还经常用“千里眼”来形容看得极远的人。

关于长城著名的景点还有北京的八达岭长城。不过八达岭长城是明代的长城，秦始皇修建的长城在更偏北的地方。明长城的内外墙均由青砖砌成，气势恢宏，高度在8米以上。规格是底宽6.5米，顶宽5.7米，大约每隔120米就有一个供士兵驻扎的墩台，每隔10千米就有一个烽火台。

秦长城与明长城的结构大致相同，但并不是用砖头建成的。当时一般使用“版筑”法或用自然晒干的土坯来修建长城。所谓“版筑”法，就是在两块木板之间填入掺过水的土，像制作水泥一样充分搅拌并夯实，等到风干后再取下木板。为了加固长城，有时还会用到成捆的柳枝或芦苇。

秦长城以辽东为起点，将秦朝的整片国土都护在了背后。后来汉朝与匈奴交战时，又增补了位于陇西临洮的长城。长城最西端的著名关口嘉峪关，就是汉朝在秦长城的基础上继续修建的。

秦始皇连接、加固各地的长城，并将匈奴赶出河南地[1]，与此同时，在那里设置了三十三个县。他在统一天下之后，先将重心放在了稳定边疆这件大事上。

现存的秦长城少之又少，所以我们无从得知确切的信息。可以肯定的是，长城解决了当时的国防问题。战马无法越过长城，敌方的骑兵大军就要止步于城外。这时我方只需点燃烽火，通知将士出城迎敌即可。

长城解决了国防问题，却让百姓恨

【陈说】

有关修筑长城的许多悲惨故事，正史中没有记载，但在民间广为流传，其中孟姜女的传说最具代表性。

“孟”是长子的意思。孟姜女就是姜姓家的长女。姜是太公望的姓，传说中的孟姜女也是出身于太公望的后裔受封的齐国。虽然齐国后来被田氏篡权，但齐是六国中最后一个被秦国灭亡的国家。将万里长城的悲剧主角设计为齐国女子，似乎别有含义。

——陈舜臣《中国的历史·第二卷·万里长城》

[1] 河南地，指黄河几字弯以南的河套地区。

意难平。为了写《史记》，司马迁曾亲自到长城取材。他仰望巍峨的长城，感慨道："这长城让百姓流了多少血汗，积压了多少怨恨！"

修长城的悲情故事在民间流传至今，其中最经典地表达了百姓对长城的怨恨之情就是"孟姜女哭长城"。孟姜女的丈夫被官府抓去充当修长城的苦力。她为丈夫缝制了冬衣，想亲自送到丈夫手上，她一路翻越千山万水，好不容易走到长城，却得知丈夫早就死了。孟姜女在长城边放声大哭，哭倒了城墙，丈夫的尸骨也随之暴露在她眼前。

骁骑民族的融合

天下统一之后，各国沿着边境修筑的长城就失去了作用。但北边的长城不仅不能拆，还必须加固。据《史记》记载，燕国人卢生曾对秦始皇说："亡秦者胡也。"秦始皇闻言，决定抢先把威胁除掉，便派蒙恬将军率领三十万大军北上。

当时，中国塞外的民族主要有东部的东胡，中部的匈奴，以及西部的月氏。一开始是这三者为了抢夺游牧的土地而互相争斗，后来其中实力最强的匈奴人口增多，趁着秦国和赵国打得不可开交的时候，伺机占领了河南地。为了抵御匈奴入侵并将其赶回塞外，秦始皇这才派出将士，将已有的长城连接并加固，修建一座气势磅礴的万里长城以抵御匈奴。

历史学家们对于匈奴的身份一直争论不休。有说蒙古人的，有说土耳其人的，至今也没有得出明确的结论。三世纪至四世纪的民族大迁徙时期，匈人长驱直入进入欧洲，一位叫阿提拉的英雄甚至打到了罗马城下。当时的欧洲人评价阿提拉的军队：“虽说评论敌人当然要不留情面，可他们长的不叫脑袋，那叫肉瘤。肉瘤上的两个洞小如针孔，根本不配称作眼睛。瞧瞧那张脸吧，就连胡须都少得可怜。”对欧洲人来说浓密的胡子很重要，这番话是在嘲讽入侵者。

关于匈奴还有其他记载。在四世纪中叶，也就是中国的五胡十六国时代，南下的游牧部落曾在中国北部建立政权。这些政权多如牛毛，但大多昙花一现且规模较小。较为出名的是以洛阳为中心建立的后赵，建立政权的石勒是匈奴当中的羯族。

不可思议的是，史书虽然记录了各民族的习俗，比如刺有文身、带着蒙古包到处迁移等，对于最关键的外貌却只字不提。直到《三国志》中的《魏志倭人传》，才首次出现了“人高三四尺”的外貌描写。

史书典籍不大描写塞外民族外貌，可能有两个原因：其一，当时塞外民族的人已经多到见怪不怪了。其二，匈奴是由多个民族组成的群体。英国学者拉克伯里认为，匈奴不是民族的名称，而是政治集团的名称。更有历史学家推测，以阿提拉为首的匈人很有可能就是匈奴。

根据欧洲人的描述，阿提拉军队里的士兵轮廓扁平、五官塌陷。在后赵政权的陪都洛阳，当地居民曾发动暴乱，杀光了守城的二十万羯族大军（公元前350年）。而暴乱中有不计其数的汉人，仅仅因为眼窝深、鼻梁高就被当成匈奴杀掉。这与之前欧洲人对匈人的描述有所出入，让人不禁怀疑匈人与匈奴到底是不是同一个民族。但若匈奴是由多个民族组成的群体，这件事就解释得通了。形形色色的成员当中，肯定有鼻梁高的人也有鼻梁矮的人。

要想知道为什么匈奴的构成如此复杂，首先需要理解游牧部落的风俗习惯。

在草原上，谁也无法独自带着马和羊四处游牧，所以人们首先需要一位首领带着大家找到水草丰美之地。其次，为了在敌人的袭击和掠夺中自保，人们会选择将自己武装起来，在集体中生活。来自各个民族、各个人种的人自发地聚集在骁勇善战、精通地理的首领麾下，军队的势力和部落的规模便愈发壮大。如此一来，草原的诸多民族就逐渐形成了拉克伯里所说的“政治集团”。

随着各方势力的加入，匈奴的实力蒸蒸日上。秦始皇在位期间，匈奴先是击退了东部的东胡，而后又打败了西部的月氏。

这一时期，匈奴的首领是头曼单于[1]（？～公元前200年）。“头曼”来自古突厥语 tümen，意为“一万个人头”。当时的太子名为冒顿（？～公元前174年）。“冒顿”可能来自古突厥语 baghatur（意为勇士），也可能来自蒙古语 bogd（意为神圣），

[1] 单于，是匈奴人对部落联盟首领的尊称，为头曼单于始创，后沿袭至匈奴灭亡。根据《汉书·匈奴传》记载，全称为“撑犁孤涂单于”。匈奴语中“撑犁”意为“天”，“孤涂”意为“子”，“单于”意为“广大”。

准确来源有待考证。

在冒顿做太子期间，头曼单于另娶了一位年轻夫人阏氏，并欲改立她的儿子为太子，并将冒顿送去了月氏做质子。冒顿的遭遇与秦始皇父亲的遭遇很像，当质子的人没人疼、没人爱，更不会有人在乎他是死是活。所以当他还在月氏为质时，他的父亲也照样去攻打月氏。冒顿见苗头不对，趁乱抢了月氏的宝马逃回部落，并在后来的政变中亲手杀死了父亲头曼单于。

北方游牧部落经历了一轮权力大洗牌。头曼单于在位时，蒙恬将匈奴逐出了河套地区。然而，在伟大首领冒顿单于的指挥下，匈奴愈发强盛。

斯基泰人的影响

匈奴身为强悍的马背上的民族，主要以游牧为生，不搞农业生产，没有城郭和经常居住的地方，但有各自分占的土地，偶尔也会被雇去打仗。公元前 318 年，韩、魏、赵等诸侯国率领匈奴攻打秦国。这是史书中最早关于匈奴的记载。可见，公元前 4 世纪的时候，匈奴曾经受雇于文明发达的战国诸侯国。

游牧部落非常务实，有什么好东西都会马上收为己用。在连绵不断的大草原上，西方文明对匈奴的影响来得快且直接。当时，西方有一个技术水平非常先进的斯基泰族，他们手中掌握着制造青铜器的技术。匈奴从斯基泰族那里学到了包括骑马作战在内的很多本领。战国时代的各诸侯国的人还只懂得驾着战车作战的时候，匈奴就已经能骑在马背上灵活地四处征战了。

骑马需要给马配备马镫和马鞍。这些骑马用具在有关匈奴遗址里的考古发掘中屡见不鲜。斯基泰族教会匈奴制作马具以及箭镞之后，匈奴在短时间内实力猛增，甚至威胁到了南边的农耕民族。匈奴虽然曾经是农耕民族的雇佣兵，但实力早已今非昔比。对其他民族的掠夺，让他们积累下了可观的财富。各国为了阻止匈奴南下纷纷修建了长城，而秦始皇可以说是为长城做了收尾工作。

河套地区以前名为绥远，那里生产的青铜器称作“绥远式青铜器”。在河套地区出土的大量文物中，有青铜材质的兵器以及斯基泰样式的箭镞，其中数量众多的青铜短剑造型和纹饰异常精美。除了兵器之外，有大到青铜质地的锤子以及镜子等日常生活器具，还有小到带有动物纹和以动物为造型的腰带饰扣，这些青铜制品占了匈奴日常生活的大多数用具，足见斯基泰人对匈奴的影响之深。从出土的文物推测，被匈奴打败的月氏或许与斯基泰人有着一定的关联，甚至有传闻说斯基泰族就是月氏一族。

据《史记》记载，月氏一族生活在敦煌。然而，敦煌周围都是沙漠，无法为那么多人提供生存空间，月氏很难在这样的环境下壮大到危及匈奴的程度。如果说月氏的实际领土面积比这更大，敦煌只是其中一部分，那还比较可信。

由于塞外的各民族都骑马传递消息，新技术在大草原上的传播速度也像策马飞驰一样快。反观农耕民族的文明，则是以步行的速度，不紧不慢地向四方传播着。

学会了各种技术的匈奴，本就已经变得十分强大，并且还不断地向战国七雄学习，吸收他们的技术成果。中国的史书都从中国的角度出发，带有浓厚的“华夷思想”。虽然中国的史书没有提及中原向游牧部落学习的事，但马术和青铜器的制作方法恐怕都是从匈奴那边传到中原的。

中原人不仅学习骑马作战，还引入了骑马民族的服装，改变了自己的生活方式。匈奴与北方游牧部落给中原带来的影响，远比我们想象中的还要大。

“笔祖”蒙恬

为了将匈奴逐出河套地区，秦始皇曾派出蒙恬将军。他出身将门，家中世代都是将军。

不过蒙恬却因发明毛笔而闻名，不过说他发明了毛笔未免有些牵强。就像关于造纸术，多年来广为流传的说法是蔡伦（？～公元 107 年）在 2 世纪初发明了造纸术，结果后来在中国各地发现了更古老的纸。由此可见，蔡伦只是改进了造纸术，简化了造纸方法，降低了造纸成本，却并不是发明造纸术的人。

同理，蒙恬应该也只是改良了毛笔。古迹中曾出土战国时代的毛笔，所以秦朝的蒙恬不可能是发明毛笔的人。想来也许是古人可怜蒙恬死于非命，才在为他编传立说时，把发明毛笔这件事也加了进去。

第七章 支撑秦国的法家思想

李斯者，楚上蔡人也。年少时，为郡小吏，见吏舍厕中鼠食不絜，近人犬，数惊恐之。斯入仓，观仓中鼠，食积粟，居大庑之下，不见人犬之忧。於是李斯乃叹曰：『人之贤不肖譬如鼠矣，在所自处耳！』

——《史记·七十列传·李斯列传》

儒家精神的缺失

春秋战国时代，诸子百家提倡各类学说和思想，与他人展开论战，史称“百家争鸣”。其中对后世影响最大的学派，自然是孔子创立的儒家。

为了复兴周朝的礼乐，孔子煞费苦心，以先王之道，即以周朝的王道统治为理想境界，反对当世的统治手段，试图恢复礼的秩序。并且可以猜想，是由孔子弟子当中的子夏或是子游等人的思想，孕育出了一个崭新的思想，就此产生了一位稍早于秦始皇登上历史舞台上的人物——荀子。

荀子经常被拿来和孟子比较。孟子认为人性本善，倡导“性善说”。而荀子持相反意见，他认为“人之性恶，其善者伪也”。这里说的“伪”与我们现在所说的“伪”含义不同。现在的“伪”，多表示虚伪假冒的意义。而在当时，“伪”字左边是单人旁，右边是“为”，合在一起就是“人为”，意为“后天的”。也就是说在荀子的理论中，人性先天是邪恶的，但后天有变好的可能。

孟子的学说与孔子一脉相承，极为重“礼”，而荀子重“法”。荀子认为人性本恶，就应该用法律来遏制这种恶。辅佐秦始皇建立秦朝的李斯等人师从荀子，秦朝制度和思想自然是建立在荀子的“性恶说”之上的。

齐国的鲁仲连曾评价秦国是不懂礼数的国家，在战争中多斩获几颗敌军的人头就能出人头地。但是，荀子对秦国有不一样的看法。荀子曾在周游秦国后赞叹不已。首先，他认为秦国修建的驰道蔚为壮观，而且官员做事都一丝不苟。而这些在鲁仲连看来，不过是用强权压迫官员。

其次，荀子还认为秦国的制度简洁，以前的明君都以此为目标。在其他诸侯国，国君铺张浪费，官员制度极其冗杂，都不如秦国这般简单明了。而这在鲁仲连口中，就成了不懂礼数、只知蛮干了。

此外，荀子还评价秦国百姓十分守规矩，都是良民。称秦国民风淳朴，对此赞叹不已。鲁仲连唱反调一般地认为这是统治者压迫百姓，把百姓当成奴隶使唤。

不过由此看来，或许是两人看问题的角度不同，得到的结论也不一样而已。

虽说荀子对秦国制度、民风赞不绝口，但仍指出了一点不足——秦国缺乏儒家精神。荀子判断：如果秦国吸收儒家思想，根据吸收的程度，可能实现“王道”也可能实现“霸道”。如果完全不吸收儒家思想，那么秦国迟早会灭亡。秦国如果认真吸收儒家思想，就能成就王道。随便吸收一点，就能实现霸道。霸道的“霸”指的是不以仁义治民，而是用强权压迫百姓。

人性本恶，就必须通过各种手段驱使人心向善。若以人性本恶为前提来看秦国的统治，便会觉得秦国压迫百姓也是有道理的，秦国也就是一个好国家。但站在鲁仲连的角度上来看，秦国就是最糟糕的国家，秦始皇则是这个糟糕到极点的国君。

李斯和韩非的恩怨

荀子门下弟子众多，韩非（？～公元前 233 年）和辅佐秦始皇的丞相李斯都是荀子的弟子。李斯是楚国上蔡人，原本是吕不韦的门客，后因才华得到秦始皇的认可，一路做到了丞相。

李斯受荀子的性恶说熏陶，想摆脱以世袭与血缘维持的封建势力对国家发展的制约。但凡是有才华的人，哪怕是自己仇人的孩子也可以重用。在李斯看来，血缘抑或其他各种关系都属于私人的情分，徇私于执政无益。

并且，李斯尊重“伪”，即后天的东西。他的基本思想是以法律来纠正人性的恶。性恶说的基本论调就是，如果性善说是对的，人都是善人的话，还要圣人干什么。圣人指的是君王、明君。圣人负责教化众人，若真人性本善，就无须圣人引导。正因为人生来就有可能作恶，才需要向好的方向引导。因此，性恶说很重

【陈说】

君主依照绝对的“法”管理政治，所以必须是独裁者。与君主有特殊关系的公族，或者根据重视君臣父子秩序而形成的封建势力，依照韩非的学说，都要失势。只要有才能，不问排列顺序，就要提拔重用。工作失败，不论是公族还是豪族，都不能免除法定的惩罚。在韩非的世界里，不存在人情和特权，是极其冷酷的透明的世界。

——陈舜臣《中国的历史·第二卷·统一天下》

视君臣关系，意在强化君权。

其次，君王依法执政，信赏必罚成了执政的基本理念。要做到铁面无私，任人唯贤。如果触犯法律，即便与秦始皇有血缘关系或是关系亲密，也要遭到处罚。与此同时，任何人都不可以说君王的不是。

这种以人为本的理论虽有理有据，但已经脱离了荀子的学说，彻底变成了法家的学说。秦国原本就有法家思维。商鞅曾令法律成为一切的准绳，并以法律和重刑为政治奠基，让秦国走上了强国之路。基于法家学说处理政事是秦国的传统，或许李斯在理政时也继承了这种传统。

而李斯的同门韩非，则是韩国的公子，同时也是一位散文家。他略微口吃，不善言辞，但写得一手文采飞扬的好文章。秦始皇曾在读完他的著作《韩非子》之后对他欣赏至极，表示能见他一面便死而无憾。

日后，秦国开始扩张，在攻打邻国

韩国时，韩国国君还命韩非作为使者前去秦国讲和。

不过，韩非一到秦国，秦始皇就将他扣留，令他效忠秦国。对此李斯感到十分不安，他深知自己与韩非在才华上有着无法弥补的差距，如果韩非效忠秦国，他将不再是秦始皇跟前的红人，地位也将不保。再三思虑后，李斯向秦始皇进言："韩非是韩国国君的儿子，他表面上答应效忠大秦，想必最终还是会以韩国的利益为重。既然如此，不如趁早将他……"

虽说秦国任人唯贤，不在乎对方是不是异国人，但若是不能为己所用，秦国也不想便宜了其他国家，直接杀了才放心。秦始皇的曾祖父秦昭襄王也是这样对待孟尝君的。

秦始皇对韩非的想法同样是得不到就要毁了他，所以韩非最终被迫于狱中服毒身亡。

韩非死于非命，《韩非子》却成了秦国的政治纲领。这本书里写满了为君之道，认为君主应集权于一身，应冷酷无情，处事应刚正不阿。

在秦国统一天下之前，天下名义上属于周王室。周王室用五行之中的火德治理天下，而火后面就是水，水克火。充满野心的秦始皇便宣称自己以水德治理天下，而水恰恰是一种可以代表法家冷淡而冷静的东西。

扩展：《史记》记载，长子扶苏劝谏父王不要焚书坑儒，他说："天下平定不久，儒生都学习和效法孔子，可现在您对他们施以重刑，我担心会造成天下动乱。望父皇三思。"秦始皇大怒，罚扶苏远赴北方去监督修长城了。

图片来源：《帝鉴图说》

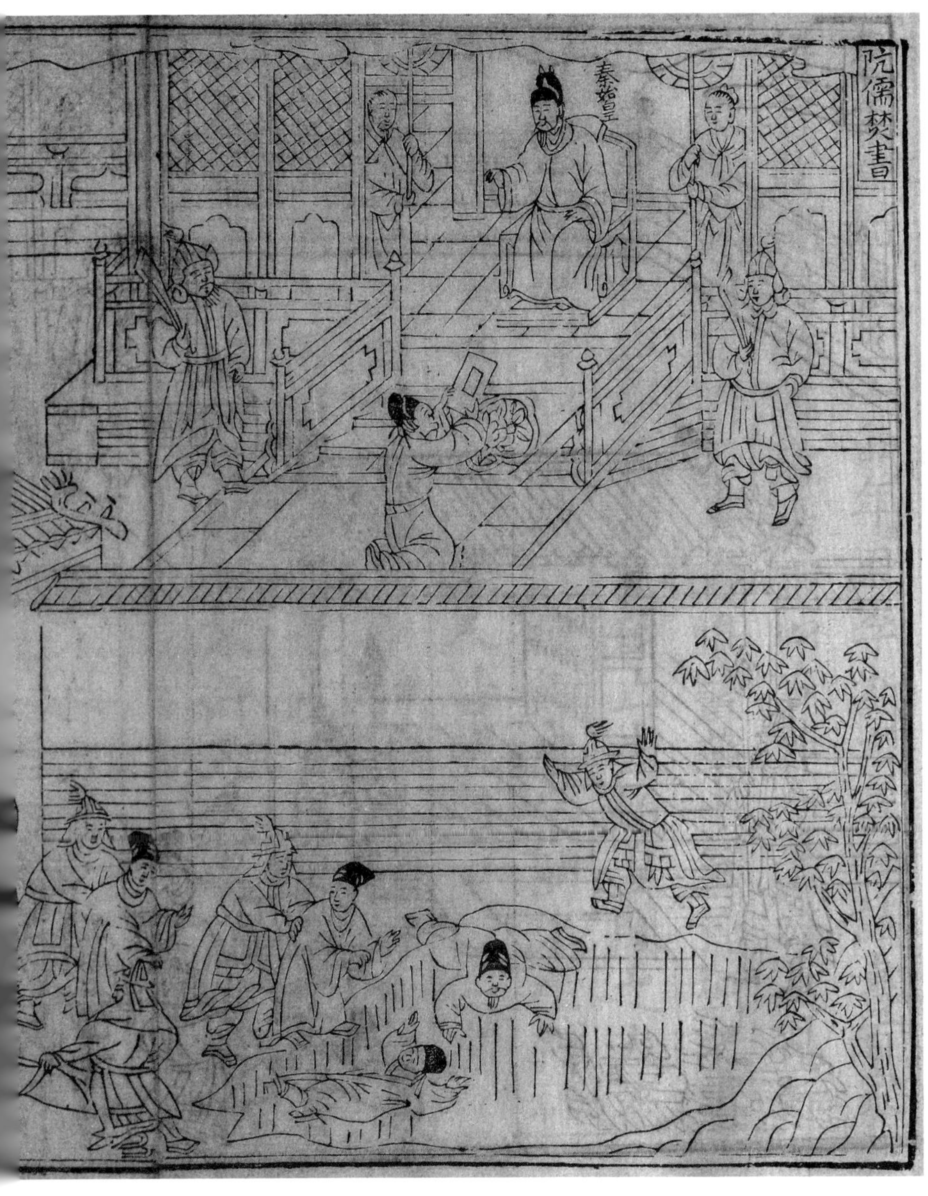
阬儒焚書
秦始皇

封杀言论的缘起

著名的焚书事件发生在秦始皇三十四年（公元前 213 年）。所谓焚书，就是焚烧诗书的意思。事情的起因是，在一次宫廷宴会上，众人就分封制与郡县制孰优孰劣展开了讨论。在场有人认为分封制更好，将宗室贵族分封至各地，就算发生什么也无法推波助澜，国家灭亡了他们也会跟着灭亡。

听到这些言论，李斯认为不能再放任那些支持分封制的人肆意发言了，这样下去只会引来更多不满的声音。在当时的社会，这些批判君主和政府高官的反政府言论似乎深得民心。在严刑峻法的压迫之下，百姓不能自由表达对现行体制的抗拒，所以批判、讽刺时政的言论总是引得百姓集体拍手叫好。

这样的风气让李斯十分不满。由于李斯此时已经是秦国朝廷的核心人员，在他看来反对秦国朝政就等于反对他。他觉得不能让别人随便诋毁，也不能再纵容这种风气，便建议秦始皇焚烧诗书。

被焚毁的书籍主要是与思想言论有关的，例如《诗经》，儒家以及诸子百家的书等。史书则是只保留了秦国自己编纂的史书，而其余各国的史书都全部焚毁。但所幸医学以及农业方面的实用性书籍得以逃过一劫。

虽然被称作书，但在当时都是制成竹简或木简。竹简、木简价高，因此最后收集到的也并不多。此外，虽说全部烧掉了，实际上朝廷的库存里也只有一部分，甚至可以说是只有几册儒家的书。此举更多的是意在限制儒家书籍在民间传播。

但是按照当时的教学方法，主要都是夫子向学生口头传授，书本上的内容反倒是其次的。夫子把学到的知识都记在脑子里了，哪怕书被烧了，只要脑子还在，就能继续向学生传授知识。所以，也有学者认为焚书并没有什么作用。但是，秦始皇就当是为了做做样子，也把

【陈说】

李斯知道秦始皇唯我独尊。以今比昔，毁谤现在的政治，会令秦始皇赫然大怒。儒家本就对封禅之事议论纷纷，李斯也明白秦始皇瞧不起他们，所以坚信自己的进言会被采纳。

——陈舜臣《中国的历史·第二卷·万里长城》

有关思想的书都烧掉了。

焚书不仅是对思想的封杀和控制，更是对情感的遏制。除了秦国，其他国家也有对本国历史的记录。赵国有赵国的史书，楚国有楚国的史书。如果不烧毁其他国家编纂的史书，那么其他国家的人就会追忆祖先的事迹，怀念往事。烧掉史书更多的是对感情的控制，而非对思想的控制。秦始皇就是要借此让其他国家的人对秦朝忠心，别再留恋过去。

坑儒的真相

坑儒与焚书被合称为“焚书坑儒”。“坑”指土坑，也指挖坑活埋。由于“焚书坑儒”的合称，大家通常会认为“坑儒”就是把儒家的学者和儒生扔进坑里活埋。然而，此处所说的“坑儒”，似乎并不是活埋儒生。

秦始皇在成为专制的独裁者后，开始希望自己能够长生不老。于是，各种奇奇怪怪的方士觐见秦始皇，奉上获得长生不老药的办法，以达到骗取钱财的目的。侯生和卢生这两个方士就属于江湖骗子。他们拿了钱却不办事，秦始皇自然也得不到长生不老药，盛怒之下便下令把他们抓起来。

侯生和卢生畏罪潜逃，逃走的之前还不忘在背地里臭骂秦始皇一顿。秦始皇得知后怒不可遏，对方士展开了大规模的搜捕。方士加上藏匿包庇方士的人，共计有 460 人被捕处死。

关于坑儒，流传的说法是活埋，但挖这么多大坑是不现实的，所以应该是杀掉之后再埋进坑里。并且说是坑儒，也有可能玩的是文字游戏。实际被捕杀的其实并不是儒生，而是装神弄鬼的方士以及包庇他们的人，却被说成了坑杀儒生。

秦朝国祚仅仅十四年，也并没有后世子孙为其留下什么记录。而写秦史的人，大多是和秦始皇毫无关系，甚至是推翻秦朝统治的汉朝人。所以我们作为读者，在阅读秦始皇的传记时要注意时刻提醒自己，秦始皇在史书中的形象是经过丑化的。

如此看来，秦始皇很可能并没有活埋儒生。现在这一观点已经得到了广泛的认同。汉武帝时期独尊儒术。所以很有可能是汉朝人为了把秦始皇塑造成残害大儒的恶人，才将被杀的方士偷换成了儒生。

秦始皇既注重实际，又有迷信的一面。比如，他非常重视“六”这个数字，符的长度、法冠、步辇的高度都是六寸，并且将六尺定为一步，以“步”为长度单位。而六尺等于一“间”。在日本一间也是六尺。而六十间就是一丁，三十六丁就是一里。总之，他把一切都和六挂钩。

颁布郡县制时，郡的数量是三十六个，也是六的倍数。秦始皇对六这个数字执念很深。他迷信吉凶以及那些虚无缥缈的事物。

正因为他的迷信，后来才会着了徐福的道。徐福和之前的那些方士一样，也欺骗、敲诈秦始皇。他对秦始皇说自己要去东海为他取长生不老药，骗秦始皇掏钱造了一艘大船。关于徐福的事，我们后面再说。

法家思想的支撑

对君王来说，以法家思想治国会让统治变得非常轻松。镇压言论，不让任何人批判。谁敢反对就杀了谁，以至于再没有人建言。如此一来君王轻松了，百姓却是苦不堪言。秦国就是这样的国家，而建议秦国如此治国的人，就是法家的李斯。

李斯在荀子门下求学时，发现茅厕的老鼠看到有人来了就会偷偷地躲起来，而粮仓的老鼠看到有人来了也照吃不误。李斯不禁想，同样是老鼠，差距怎么就这么大呢？最后他得出一个结论——老鼠之间的差距来自老鼠所处的环境，这个结论也奠定了他的思想基础。

既然老鼠都能因为环境不同而有所差异，人自然也会因为所处的环境而改变。所以，李斯站在性恶说的立场上思考，便认为要抓好环境和教育，用环境和教育让人变好，让政治变清明。随后，

【陈说】

以为实行严惩主义的法律，国家政治就会随心所欲。违抗者受到严惩，所以有关人员都竭尽全力地完成任务。各方面都很顺利，法律至上的体制越发增强巩固。

然而，反过来说，也正是这种严惩主义的思想导致了秦朝的灭亡。

——陈舜臣《中国的历史·第二卷·万里长城》

他劝秦始皇统一战国各诸侯国。

要消灭其余六国，第一步就是用金、玉等宝物收买各国的名士。说得好听点儿，就是给秦国拉一票粉丝，说得难听点儿就是搞间谍活动，但最重要的还是要让别国的人对秦国产生好感。

第二步，是离间各诸侯国的国君，并且破坏国君与大臣之间相互信赖的关系。简言之，就是使用离间计。秦国虽然军事能力突出，但要一举灭掉六国，就连秦始皇也有点儿打怵。

据《史记》记载，秦始皇是在李斯的劝说下才决定消灭六国。如此说来，还是李斯起了关键性的作用。除了劝说秦始皇统一六国，李斯的独裁政治理念也是秦国最后能够成就霸主地位不可或缺的一部分。

独裁政治的基本理念来自荀子的学说，荀子则继承了孔子的思想。不过孔子也说过，“性相近”——每个人的天性都是差不多的，“习相远”——是后天的教育和环境让人与人之间的差距变大了。

孔子认为，其实人生来都是一样的，是人为因素和后天因素使得人与人变得越来越不一样。根据对孔子的学说的不同理解，既有赞同孟子“性善说”的人，又有赞同荀子“性恶说”的人。而韩非和李斯的学说十分相似，都对荀子的学说做出了进一步发展。在我看来，应该是李斯模仿了韩非。

说起李斯在天下统一大业中的重要性，还有一点是少不了的。秦国曾经因为郑国以及“郑国渠”一事对异国人产生戒备，再加上秦国老臣对秦国重用异国人一事越发不满，秦始皇险些要下“逐客令”，还是李斯及时阻止了他。李斯列举了各种例子，说明秦国是因为重用异国人才有了今天的成就。

仔细想来，向秦始皇进献良策的人，多是以李斯为首的异国人。国家落后是秦朝任用异国人才的开端，但归根结底是秦始皇注重实际的性格，才得以让秦国引进法家思想、用法家思想执政。

而另一方面，秦始皇又信仰神仙，迷信虚无缥缈的事物。或许正因为秦始皇身上兼具这样矛盾的两个侧面，人们才会在他的统治下活在一个风雨如晦的时代里吧。

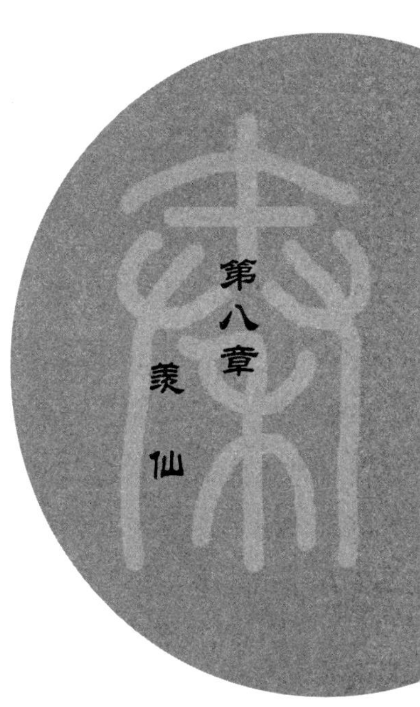

第八章 羡仙

既已，齐人徐市等上书，言海中有三神山，名曰蓬莱、方丈、瀛洲，仙人居之。请得斋戒，与童男女求之。於是遣徐市发童男女数千人，入海求仙人。

——《史记·十二本纪·秦始皇本纪》

封禅一事的疑点

即便是如秦始皇一般注重实际的人，在人人都信仰神仙的那个年代也不能免俗。

实现天下统一之后，秦始皇首次以“皇帝”作为最高统治者的专用称号，并将谁都可以用的“朕”定为皇帝的专属自称，确立了皇权至高无上的地位。为了更好地治理国家，确保皇权的至高无上是很有必要的，但秦始皇渐渐产生了“唯我独尊”的心理。他以为自己统一了天下，就不再是凡人，而是天地间的至尊了。也就是不老不死的人，如神仙一般。

秦始皇于登基后的第二十八年（公元前219年），在泰山举行了封禅大典，这件事也体现了他“唯我独尊”的心理。“封”，即登上被视为圣山的泰山，在山顶筑坛祭天；“禅”，即在泰山脚下的梁父洒扫祭地。

“禅”除了祭地，似乎还有祭祀山水的意思。总之，封禅大典不是寻常百姓和普通诸侯能奢想的，只有统治天下、带来太平盛世的明君才有资格举行。

据《史记》记载，春秋时代的霸主齐桓公也曾迫切地想举行封禅大典，是大臣管仲列举了种种不利的条件，劝他打消了这个念头。齐桓公虽然是霸主，但只不过是诸王之一。想举行封禅大典，可没有那么容易。

秦始皇打算在泰山举行封禅大典，但无奈这项仪式已经间断很久了。《论语》有云：

君子三年不为礼，礼必坏；三年不为乐，乐必崩。

封禅大典间断了何止三年？都过去五百多年了，当然无人知晓该怎么做。

秦始皇问了很多人（主要是儒生），但每个人的说法都不一样。有人说要用柔软的蒲草裹住车轮再上山祭祀，还有

【陈说】

封禅究竟是什么样的仪式呢？连司马迁也不甚知之：

其详不可得而记闻云。

不过，司马迁谈到过帝王的封禅资格，称不是所有的帝王都可以封禅的。天子是受天命的人，但“功不至”的天子就不能封禅。功，就是功业，即业绩。只有统治天下，并开创太平盛世的天子才有这个资格。虽有功，但德不能远播天下的天子也没有封禅的资格。所以，有资格的人极少。另外，有的天子虽有资格，却因为政务繁忙，无暇举行封禅仪式。因此，封禅仪式极其少有。

——陈舜臣《中国的历史·第二卷·泰山风物》

人说祭祀时必须在地上铺上茅草席。

最后秦始皇干脆谁的意见都不听了，就按自己的想法办。他命人开山修路，从泰山南坡登上山顶行祭天之礼，再从北坡下山，在梁父行祭地之礼。自从这次发现儒生办事不力之后，秦始皇就对他们产生了怀疑，认为他们说的话都不可信。这也间接导致了后来的焚书坑儒事件。

祭天完毕之后，秦始皇在下山时遇到倾盆大雨，便找了一棵松树避雨。因感念松树为自己遮风挡雨，秦始皇赐予其五大夫的爵位。这段轶事的主角“五大夫松”至今还屹立在原地，如今还可以在中国泰山风景区见到，但它也更迭了几代甚至几十代，早已不是两千两百年前的那棵树了。

话说回来，封禅大典只有明君才能举行，如果秦始皇是明君，秦朝怎么可能在他死后几年就灭亡？所以，后来有些人说秦始皇根本就没有举行封禅大典，又或是在下山途中遇到大雨就放弃了祭地。

然而，秦始皇不仅登上了泰山，还在山顶立了石碑，在碑上刻下了为自己歌功颂德的文章。至少，他上山祭过天是无可争辩的。由于整个过程不对外公开，所以后世围绕秦始皇有没有完成封禅仪式一直争论不休。

此后，封禅大典直到汉武帝时期才重新举行。汉武帝前面的汉文帝和汉惠帝开创了文景盛世，但他们认为自己还不够资格，都谦虚地拒绝了封禅的提议。由此可知，秦始皇并不是个谦虚的人。

被迷信冲昏头脑

举行过封禅大典、认定自己是天地间的至尊之后，秦始皇又开始渴望成仙。秦始皇曾向多位方士询问如何才能成仙，也在这时被灌输了各种稀奇古怪的信息。

《史记》记载：

人主时为微行以辟恶鬼。

有个方士告诉秦始皇，想要成仙就不能总在人前露面，如果与人见面，就会被那个人的邪气侵入体内，对体内的神仙之气造成损害。秦始皇听信了那个方士的话，有一段时间都没有见人，连自己在哪里都不让别人知道。

一次，秦始皇的藏身之地被人说了出去。秦始皇勃然大怒，但又查不到是谁说的，一气之下就把当时在他身边伺候的人都杀了。

据《史记》之外的史料记载，秦始皇去金陵[1]的时候，方士对他说："这一带有王气。"

"王气"即帝王之气，也就是说此地会诞生一位帝王。天下有自己这一个帝王就够了，怎么又有新的帝王要出现？秦始皇断定要取代自己的人就出现在这里。

秦始皇觉得此地有王气都是地脉的缘故，只要"掘断连冈"[2]便可散尽王气。于是他便命人将山凿穿了。

相传如今的秦淮河，便是秦始皇当年凿山引水所致。但是据当今的地理学家观测，这条河不是人工河，而是自然形成的。百姓编出这样的传说，或许与秦始皇的为人脱离不了关系。

另外，春秋时代的吴王葬在苏州虎丘山。吴越之地盛产名剑，所以那里的国君会在墓里放很多剑来陪葬。

秦始皇听说吴王墓里有数千把名剑，便令人前去掘墓。当年被挖过的地方，就成了如今的剑池。这个故事在虎丘山景区的宣传册上有两种版本：一种是秦始皇派人挖到一半，被一只猛虎打断，只得放弃；另一种是秦始皇带人刚准备挖的时候，发现有一只猛虎，便把手中的剑朝着石头扔了过去，剑痕至今还留在石头

---

[1] 金陵，今江苏省南京市。

[2] 意为将连绵的山冈截断。

上。我猜秦始皇想取剑，也想是为了剑中蕴藏的灵力。

这个时代的每个人都相信鬼神之说，蒙恬将军也不例外。

秦始皇死后，秦二世和宦官赵高担心蒙恬会成为权力道路上的绊脚石，便封锁秦始皇的死讯，伪造遗诏，赐死蒙恬。蒙恬不明白秦始皇为什么要让他自尽，思来想去，唯一能说得通的理由就是修长城这件事了。

蒙恬喟然太息曰："我何罪於天，无过而死乎？"良久，徐曰："恬罪固当死矣。起临洮属之辽东，城巉万馀里，此其中不能无绝地脉哉？此乃恬之罪也。"乃吞药自杀。

蒙恬想了很久，最终慢慢说道："我当然应该去死。长城自临洮至辽东，有一万多里，我在修建时说不定损伤了至关重要的地脉。这就是我的罪过啊！"

由此可见，当时的人都相信地下有宿着地灵的地脉，比如损伤地脉便会遭天谴，挖断孕育王气的地脉就能阻止帝王诞生等。

秦始皇三十六年（公元前 211 年），一块陨石从天而降。随后有人在陨石上写道：

始皇死而地分。

秦始皇得知后派人去找好事者是谁，却没人站出来承认。于是，秦始皇杀光了住在事发地点附近的人，并且焚毁了陨石。只因他觉得这是不祥的预兆。

秦始皇一边信仰神仙，一边又做着违背信仰的事。得到天下之后，秦始皇经常会去全国各地巡视。有一次，秦始皇坐船途经湘山[1]时，忽然狂风大作，以致船无法继续前行。

湘山供奉着水神湘君。秦始皇认为是湘君让风吹个不停，拦住了自己的去路，气得命人砍光了湘山上的树。[2]他对神仙就是如此缺乏敬畏之心。

---

[1] 湘山，位于今湖南岳阳洞庭湖附近。

[2] 此处有《史记》记载：浮江，至湘山祠。逢大风，几不得渡。上问博士曰："湘君神？"博士对曰："闻之，尧女，舜之妻，而葬此。"於是始皇大怒，使刑徒三千人皆伐湘山树，赭其山。

长生不老的愿望

秦始皇信仰神仙，也渴望成仙。在当时，成仙往往与服用丹药挂钩，以方士为首的一群人都对秦始皇说世上有长生不老药。

《史记》记载，在这些人当中，最有名的就是齐国人徐福。据徐福说，东海上有蓬莱、万丈和瀛洲这三座仙山，去了那里就会有神仙赐予长生不老药。徐福又说要给神仙准备贡品，又说仙山上的神仙想要童男童女，想要这想要那的，对秦始皇提了一堆要求。他以寻仙求药为借口，顺利要到了数千名童男童女，和一笔数额相当可观的盘缠。

如今想来，大概是徐福想逃离秦国这片让人不得安生的土地，又害怕独自前往陌生的地方，所以想带着童男童女去开拓新的天地。徐福是齐国人，也许他是听住在海边的人说，东边的海上有一个国家。

那个国家应该就是日本。在那里不会动不动就砍人的脑袋，也不会因为有人在陨石上写几个字就杀光附近的人。

“为了子孙后代的幸福，冒点风险叛国而去也不是不行。坐大船去应该很安全，但造船也要一大笔钱啊！”徐福或许是考虑到这一点，才欺骗、利用了秦始皇。

徐福拿到钱后，却迟迟不肯出发。恰巧秦始皇经常去全国各地巡视，过了几年他又来到琅琊时，发现徐福竟然还没走。秦始皇生气地质问徐福为什么不走，徐福回禀道：“启程时被一条邪恶的大鱼阻碍，请求增派一批弓箭手来对付这条鱼。”这徐福不仅要船，还想要军队。

不过秦始皇死在这次巡视的返程途中，徐福后来有没有出海也成了谜题。他或许东渡到了日本，也或许就此留在了琅琊。

大约七十年后，《史记》的作者司马迁出生。间隔七十年就相当于日本平成时代[1]的人写昭和时代[2]的事一样，并不像传说那么遥远。历史上确实有徐福这个人，他也确实用敲诈秦始皇的钱造了一艘大船，想借机出逃。如果他选择了留下，司马迁应该会在《史记》中写道：“最终，徐福未能成行。”书中没有这样

[1] 平成时代，1989 年 1 月 8 日至 2019 年 5 月 1 日，日本明仁天皇在位时期。

[2] 大正时代，1912 年 7 月 30 日至 1926 年 12 月 25 日，日本大正天皇在位时期。

的描述，就说明他应该还是离开了。

在中国的浙江省慈溪也流传着徐福东渡的民间传说，相传徐福就是从这里出发去往东边的。

在日本，疑似徐福当年上岸的地方多达 11 处，熊野、新宫以及佐贺县的吉野里附近也流传着徐福的传说。徐福抵达日本的时候，正是绳文时代与弥生时代交替之际。由此可以推测，当时有许多懂得农耕技术的人随徐福一道来到了日本。[1] 日本民间也一直尊称徐福为“司农神”以及“司药神”。

徐福东渡给日本带来了当时中国先进的生产生活技术，在日本也出土了大量带有中国汉字铭文的文物，这为相关历史研究提供了很多有用的素材。

[1] 日本直到弥生时代才开始大规模种植作物。

扩展：《史记》记载，徐福东渡的具体时间为秦始皇二十八年（公元前219年）。

扩展：《史记》记载，徐福东渡的具体时间为秦始皇二十八年（公元前219年）。

图片来源：《帝鉴图说》

遣使求仙

秦始皇的两面性

三国时代魏国的曹操和秦始皇一样，也是非常注重实际的人。不过每每想到秦始皇的对神仙的信仰，我总会把他和曹操以及曹操的儿子曹丕做个对比。

曹丕篡夺汉室皇权，建立了魏朝。他在临终时说：

无藏金银铜铁，一以瓦器。

“我死后，不要在我的棺椁中放贵重的陪葬。”

曹丕还表示，若定要放一切茶碗器具，瓦器便足矣。棺椁只要能装下尸身就好，不许放任何金银珠宝陪葬。人死后也感觉不到痛和痒了，就按我说的去做吧。

曹丕生活的年代虽然比秦始皇晚四百年左右，但他对神仙的见地可要高明得多——他直接断言世上没有神仙。他的父亲曹操在担任济南国相时，也曾严禁当地无知的百姓胡乱祭祀鬼神。

秦始皇也算是做过类似的事情。他认为灵星祠[1]什么效果也没有，便下令将其关闭。从这方面来看，秦始皇是理性客观的。而另一方面，秦始皇又想成为水火不侵的人。时代的局限性不可避免，且秦始皇的思想是格外复杂的。

之前讲焚书坑儒时提到过的卢生，曾得到一本能够预见未来的《录图书》。宋元时期的史学家胡三省在其著作《资治通鉴音注》中提到了这本书：

录图书，如后世谶纬之书。

谶纬之书指的就是当时宣传通过占卜看符来知道未来命运的书。卢生给秦始皇看了这本书，里面有一句话——“亡秦者胡也”。“胡”在当时指的是匈奴。

《史记》记载：

始皇乃使将军蒙恬发兵三十万人北击胡，略取河南地。

由此可见，就是这个预言让秦始皇决定尽快铲除威胁，派蒙

[1] 灵星，星名，又称天田星、龙星。古代以壬辰日祀于东南，取祈年报功之义。

恬率领三十万大军去讨伐匈奴。

这种说法让人觉得很荒唐，谁会因为把预言当真就派出三十万大军呢？但秦始皇还真就这么做了。这件事有两种解释：第一，秦始皇出兵是因为匈奴真的威胁到了秦国，但当时的人误以为他是因为预言。第二，秦始皇把预言视作一种警告，认为应该先下手为强，这才选择出兵。

但事情至此还没有结束。秦始皇有个儿子名叫胡亥，他在秦始皇死后继承皇位，成了秦二世。胡亥昏庸至极，秦朝在他的统治下迅速灭亡。因此，有许多人都说“亡秦者胡也”的“胡”其实不是匈奴，而是胡亥。

虽然整件事只是巧合，人们却传得神乎其神的。这恰恰说明秦始皇那个时代的人虽然聪明，却免不了迷信、崇拜神仙的力量。秦始皇本人则对神仙既有几分崇拜，又有几分抗拒。

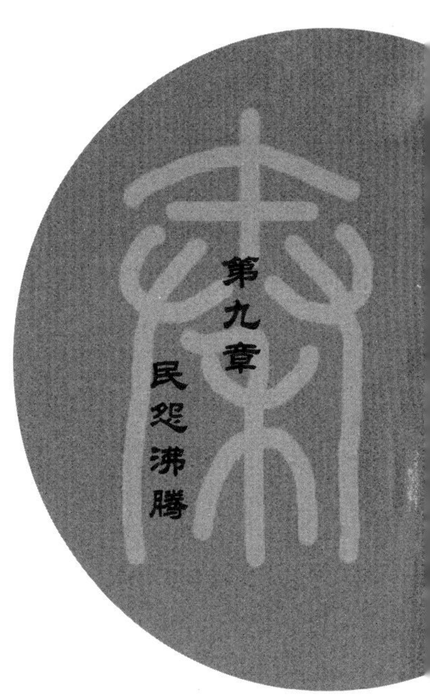

第九章 民怨沸腾

阿房宫未成；成，欲更择令名名之。作宫阿房，故天下谓之阿房宫。隐宫徒刑者七十馀万人，乃分作阿房宫，或作丽山。

——《史记·十二本纪·秦始皇本纪》

从不毛之地到沃野良田

说起秦始皇启动的大型工程，前面已经讲过长城，那么这一章就来讲讲秦始皇修建的水利工程、宫殿和陵墓吧。

我在这本书里多次提到过郑国渠。郑国是人名，姓郑，名国。郑国渠则是韩国人郑国提议修建的水利工程。

郑国主持开凿水渠时，秦始皇从蛛丝马迹得知他是韩国的细作，欲处之而后快。后来郑国承认自己是来为害秦国的细作，但同时也分析了这条水渠能给秦国带来的巨大好处。年纪尚小的秦始皇很明事理，他爽快地答应让郑国继续施工，郑国渠也因此得以顺利完工。

当时秦始皇尚未统一天下，韩国眼看秦国日益强大，倍感压力，便挖空心思要削弱秦国的国力。想来想去，终于想到一个妙计——如果秦国在大型工程上耗尽钱财，不就无力攻打邻国了吗？

于是，韩国偷偷派水工郑国混进秦国，以有助于增加耕地面积为由，向当时还是秦王的秦始皇提议兴修水利。

秦始皇当即采纳了郑国的提议。这项庞大的水利工程引渭水之北的泾水，沿着北边的群山注入东边的洛水，全程长达三百余里。[1]

有了郑国渠的滋养，原本的不毛之地变成了秦国最肥沃的土地。这样的土地在当时被称作“亩钟之田”，一“钟”等于六斛四斗，所以沿岸的土地都是每亩能产六斛四斗米的良田。

秦以富疆，卒并诸侯，因命曰郑国渠。

司马迁在《史记》中如此高度评价郑国渠的作用，几乎快把秦始皇统一天下这件事都归功于郑国渠了。

由此可见，对秦国来说，郑国渠可谓是无价之宝。

[1] 渭水，即渭河，是黄河的最大支流，发源于甘肃定西市鸟鼠山。泾水，即泾河，黄河支流渭河的一级支流，发源于宁夏六盘山东麓。洛水，也称北洛河，黄河支流渭河的一级支流，为陕西最长的河流。

扩展：北方有渭水，东边是产金的铜川，西边是产玉的蓝田，依山傍水，所以选择骊山建陵。

图片来源：清初刻本木版画集《天下名山图》

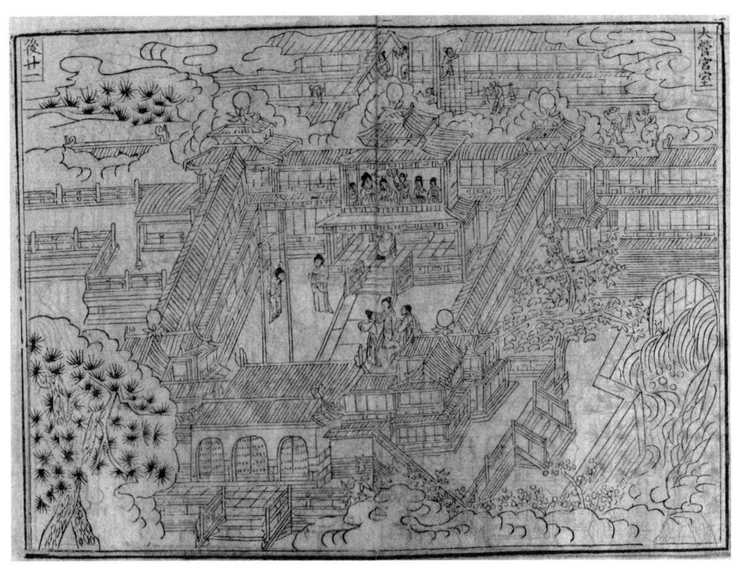

扩展：《史记》记载，秦始皇之所以选择此处修建阿房宫是因为他听说周文王在丰建都，武王在镐建都，丰镐之间就是帝王的都城所在，于是选址在渭水南岸的上林苑中。

图片来源：《帝鉴图说》

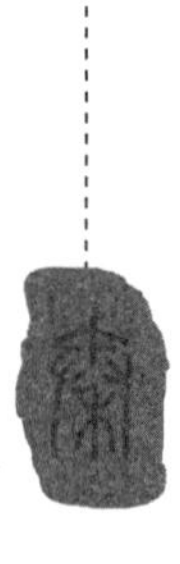

曾祖父留下的传家宝

秦始皇的曾祖父秦昭襄王曾命人在四川成都附近修建另一项大型水利工程——都江堰。

1974 年，四川省灌县出土了一尊高约 3 米、重约 4.5 吨的巨大石像。从石像上刻着的完工时间“后汉建宁元年（公元 168 年）”，以及其上发现的铭文“故蜀郡李府君讳冰”“建宁元年闰月戊申朔二十五日都水橼尹龙”“尹龙长陈台造三神石人瑜水万世焉”的字样来看，这应当是李冰的石像。这座石像可以在当地的都江堰景点伏龙观中见到。

秦昭襄王在位时，李冰任蜀郡太守。他所在的时代，大概比建宁元年早了四百年。可想而知李冰在蜀地深受爱戴，毕竟后世之人相隔数百年为之雕刻石像、歌功颂德，这份殊荣不是谁都能有的。《史记》没有专门为李冰写传，只在《河渠书》中写了这样一段话：

> 於蜀，蜀守冰凿离碓，辟沫水之害，穿二江成都之中。此渠皆可行舟，有馀则用溉畤，百姓飨其利。至于所过，往往引其水益用溉田畴之渠，以万亿计，然莫足数也。[1]

可见，都江堰让当地百姓受益无穷，李冰率领众人施工的过程也十分艰辛。竣工时，秦昭襄王已是垂暮之年，所以都江堰可谓是他留给秦始皇的一件传家宝。

虽然司马迁认为秦国是靠郑国渠才富强起来，完成横扫六合、统一天下的霸业，但我认为都江堰也同样功不可没。在四川兴修水利，让这片腹地变成了天

【陈说】

《风俗通》的佚文说江水有神，每年娶两个少女为妻。这与中原的河伯娶妻的传说很相似。岷江沿岸村庄的人们每年都要把两名少女作为牺牲献给水神。可怜的少女沉入江底。李冰见此，说道："这样的话，把你自己的女儿扔进江里吧。"于是他和江神大战，最终获得胜利。

有的神话研究家认为，两个少女后来逐渐衍变为两个男孩子（二郎），再后来改编成李冰的儿子二郎男扮女装战胜江神的故事。

——陈舜臣《中国的历史·第二卷·统一天下》

---

[1] 译文：于蜀郡，有郡守李冰开山凿石，以避沫水水害，又在成都一带开凿两条支流。支流水深可行舟，渠水如有富余，便灌溉农田，百姓因此获利匪浅。渠水所经之处，人们又多开凿支渠引水灌田，数目之多不下千万。因工程细碎，不能准确统计。

府之国。正是在这样的经济基础之上，秦始皇才得以统一天下。所以说，这两项水利工程都大大地提升了秦国的国力。

另外，李冰有个儿子叫二郎，父子二人都参与了都江堰的建设。

虽然史书上没有明确记载，但许多民间传说中都有二郎的身影。比如《西游记》中大战孙悟空的二郎神的原型，就是李冰的儿子李二郎。在四川都江堰当地也流传着许多有关父子二人的传说。位于都江堰附近的二王庙也是为了纪念李冰和其子二郎而修建的。

总而言之，李冰为了把都江堰建好，也是倾尽了全家之力。

规模宏大的半成品

与万里长城齐名的，除了这两项水利工程，还有阿房宫。秦国位列战国七雄时，咸阳作为都城还算够用，但统一天下之后，秦始皇就嫌咸阳太小了。秦始皇认为，咸阳作为整个天下的都城，必须够气派，必须有雄伟的宫殿——这就是阿房宫的由来。

阿房宫最先开始修建的是前殿。据《史记》记载：

先作前殿阿房，东西五百步，南北五十丈，上可以坐万人，下可以建五丈旗。

前殿东西宽约 800 米，南北纵深 150 米，殿内可容纳一万人席地而坐，檐下可以插 5 丈高的大旗。阿房宫原本会是一座精美绝伦的宫殿，可惜最终没有建成。

由于规模太大，耗时太久，秦始皇都不在人世了，宫殿还是个半成品。秦始皇本想等宫殿落成时再取个吉利的名字，岂料秦末项羽攻入咸阳，一把火将它烧了个精光，以至于这座宫殿直至被焚毁也没有正式的名字。因为建址在阿房，人们称其为阿房宫。

秦始皇总共征调了七十万名囚犯，一部分为他修建阿房宫，一部分被调至骊山修建皇陵。秦朝法律森严，百姓动辄便有牢狱之灾，区区七十万名囚犯，三下五除二就能凑齐。不过修建宽达800 米的宫殿可不是闹着玩的。数以万计的人被逼着没日没夜地干活，吃尽了苦头。即便如此，秦始皇也没能看到这座规模宏大的宫殿建成。

疑窦丛生的陵墓

秦始皇陵与万里长城、阿房宫并列为秦始皇的三大弊政。因为被建在骊山脚下，也被称为骊山陵。

秦代的王侯之墓大多规模宏大。但据说在秦代以前，古人从不在墓地祭祀。到了秦代，出于“事死如事生”的观念，在陵墓上方建有名为“寝”的建筑，供墓主的灵魂在其间饮食起居。“寝”中设有马厩，还为墓主准备了新的换洗衣物及各种日用品。[1]

---

[1] 中国古代帝王崇信人死后依然过着类似阳间的生活，对待死者应该如生前一般。因而陵墓的地上、地下建筑以及随葬的生活用品都仿照阳间的规制。陵园大体呈“回”字形，以封土下的地宫为核心，有内外两重城垣。根据考古数据，地宫面积约18万平方米，中心点的深度约30米。地宫所处位置相当于秦始皇生前的“寝殿”。内城垣以内为内城，属“宫廷”范围，内外城垣之间为外城，象征京城内的厩苑、囿苑及园寺吏舍。外城垣以外发现陵园督造人员的官署等遗址。

有观点认为秦始皇开创了建造“寝”的先河，或者扩大了“寝”的规模。我们无法断言秦始皇之前的陵墓都没有“寝”，但可以确定的是，像这种规模惊人的“寝”，是秦始皇首创的。为了修建陵墓，秦始皇曾将数万名的囚犯当作没有自由的奴隶一样使唤。

《史记》是这样描写秦始皇的墓室的：

穿三泉，下铜而致椁。

挖地的时候挖得越深，就会挖到越多的地下水，工人们在修建墓室时甚至挖到了三次地下水。挖好后，在墓室底部铺上铜板后放入棺椁。

宫观百官奇器珍怪徙臧满之。

秦始皇命人在墓中建造宫殿，以及亭台楼阁。设置百官席位，几乎将咸阳宫里的所有奇器、珍怪都搬了进去。

令匠作机弩矢。

秦始皇又让工人制作机关弩。

有所穿近者辄射之。

一旦有人靠近，机关弩就会自动射出箭矢，以防有人盗墓。

以水银为百川江河大海，机相灌输。

墓中用水银制作了河流、甚至大海，并采用了一种装置，让水银能像喷泉那样循环流动。

上具天文，下具地理。

墓室上方点缀着日月星辰，下方有仿造的山川地貌。

以人鱼膏为烛，度不灭者久之。

我不知道人鱼这种生物是否真的存在过。但据说人鱼的脂肪即使在氧气稀薄的地方也能一直燃烧，为了让墓中万古长明，秦始皇便选用人鱼的脂肪制成了蜡烛。

在《史记》的描述中，提到了“宫观百官奇器珍怪徙臧满之”。百官，虽然指百名官员，但关于秦始皇陵中的“百官”有很多种解释，支持者较多的一种说法是墓中设置了百官的座席。但自从兵马俑坑被发现以后，又有人推测墓中有用铜或者其他材料制成的真人大小的大臣像。如此一来，不仅墓中有人对秦始皇俯首称臣，墓外还有兵马俑坑里的士兵守卫着他。

秦始皇登基后不久就命人为自己修建陵墓，但动用七十万人的人海战术加速修建，应该是从他去世的十年前开始的。十三岁就开始给自己修墓好像太早了点儿，秦始皇可能是先选定了陵墓的位置，之后再交由专门判断风水吉凶的风水师平整土地。

修建秦始皇陵一定花销不菲。郑国渠之类的水利工程至少有建设性，修建陵墓又有什么建设性可言呢？我有时感到很困惑：秦始皇明明注重实际又明辨利害，怎么舍得为修建陵墓花这么多钱？

首先，根据迄今为止的考古发掘成果，可以了解到古代人对陵墓的重视程度非同一般。他们相信人在死后，灵魂会以陵墓为归宿，继续在那里存活下去。与此同时，古代帝王在位时最重要的大事便是祭祀先王。陵墓包括寝和宗庙，宗庙就是后人祭祀祖先的场所。

其次，秦始皇笃信世上有神仙，也相信人有灵魂。这一点从他为神仙疯狂砸钱的举动来看就不难理解了。他在位时，虔诚地供奉神仙，并且寄希望于这种方法，可以使自己死后能够享受比生前更好的待遇。

而且，秦始皇后来又改称自己为“真人”。这个称呼寄托着他对永生的渴望。在使用“真人”这个称呼之前，秦始皇就一直祈祷自己能长生不老。虽然，秦始皇也懂得“人终有一死”这个道理。

秦始皇享年五十岁。在他死后，骊山陵上演了人间惨剧。胡亥（秦二世）是秦始皇最愚钝的儿子，他将秦始皇下葬后，便把秦始皇后宫中没有子嗣的妃子都拉去殉葬了。并且有人向胡亥进言："修墓的工人制作了墓中机关，又知道陪葬的金银财宝埋在哪里，他们要是把这些消息透露给外面的人就糟了。"

胡亥深以为然，在封闭墓道时把工人们都关在了墓里。这些可怜的工人，就这样在一片黑暗中活活饿死了。

刘邦和项羽的崛起

秦始皇死后，战乱不期而至。秦始皇在世时还能镇住百姓的怨气，但他刚过世，他最出色的儿子扶苏也被赐死了。如此一来，百姓便再也无所顾忌了。

为了修建长城、阿房宫以及骊山陵，秦始皇从全国各地强制征调人手。且秦朝法律严苛，集合和抵达的日期都是规定好的，迟了就要被处死。

陈胜和吴广也在被征调之列。他们在路上遇到大雨，因道路被淹，无法如期抵达。即便冒雨赶路也照样会迟到，这样就注定要被砍头。经过一番思想斗争，两人决定就地举兵起义。时值多事之秋，全国各地的人都不约而同地决定反秦，纷纷聚集起来发动叛乱。

一时间战乱四起，义军当中的项羽（公元前 233 ～前 202 年）

和刘邦（公元前 256 或公元前 247 ～前 195 年）直奔关中而去。秦始皇死后三年，义军打进关中。秦二世胡亥被宦官逼迫自尽，最后以庶民的规格下葬。

最先攻入咸阳的人是刘邦。刘邦念及项羽才是义军首领，便一直等着他进城，没有染指城中的宝物和骊山陵。

谁知，项羽竟对刘邦起了杀意："刘邦这等卑鄙之徒，先到咸阳却什么都不做，这不是明摆着胸怀大志，想和我争夺天下吗？"刘邦在鸿门宴上得知项羽杀心已起逃走后，项羽率兵蜂拥而入，开始大肆洗劫咸阳。

《水经注》记录了骊山陵在项羽入城后的种种遭遇。

项羽入关，发之以三十万人，三十日，运物不能穷。

骊山陵非常坚固，项羽集结三十万人合力挖开，又用三十天时间搬运里面的宝物。项羽手下的士兵将百官的铜像和其他值钱的宝贝全部搬走，扔下了用土做的东西。三十万人搬了三十天也没有搬空这座陵墓。

关东盗贼，销椁取铜。

关东的盗贼又跟着趁火打劫，他们取出骊山陵底部的铜板，熔化后制成大小适中的物件卖掉了。

但是，墓中还有东西可以拿。

牧人寻羊，烧之，火延九十日，不能灭。

附近的牧羊人领着羊群路过，又盗走了一部分剩下的铜器等物品。这时，项羽在陵墓放的火还在燃烧。[1]

经过项羽的三十万大军、盗贼以及牧羊人等人的轮番搜刮，骊山陵的大火烧了九十天才熄灭。也就是说，骊山陵已经完全成了一个空壳。[2]

到头来，耗费巨大人力修建的骊山陵变得空空如也，建到一半的阿房宫也被项羽付之一炬。雕栏玉砌的亭台楼阁转瞬成空，只有都江堰和郑国渠这两项大型水利工程得以千年不朽。

[1] 关于《水经注》中“牧人寻羊，烧之”一句的解释至今仍有争议。另一种解释为：有牧羊儿丢失羊只，持火寻找，不慎导致墓中失火。

[2] 关于骊山陵是否被盗一事，经当代考古学家实地勘探，认为史籍所述被盗焚毁的，可能仅为地面建筑和部分地下陪葬坑。同时最新研究认为，皇陵核心“地宫”保存完好。

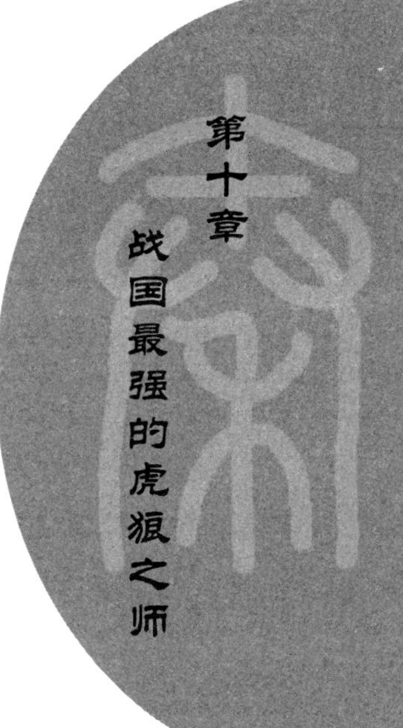

第十章 战国最强的虎狼之师

二十三年，秦王复召王翦，彊起之，使将击荆。取陈以南至平舆，虏荆王。秦王游至郢陈。荆将项燕立昌平君为荆王，反秦於淮南。二十四年，王翦、蒙武攻荆，破荆军，昌平君死，项燕遂自杀。

——《史记·十二本纪·秦始皇本纪》

国家集权和农业改革

秦国能够统一天下，离不开其强大的军事力量。秦国是警察国家[1]，也是军事大国。虽说秦国凭借军事力量统一天下，但军事力量的萌芽、发展还需要经济力量在背后支撑。都说近代战争是综合国力的较量，其实古代战争也是如此。

从商鞅到李斯采用的一系列政策，让秦国的经济力量得以发展、壮大。秦国采用根据法家思想制定的实用政策和专制统治，说秦国的统治是强权与严刑峻法的结合也不为过。

秦国用强权推动了农业改革。渭河平原本来就是非常肥沃的土地，这片肥沃的黄土地在黄河的冲积作用下形成，深度大约有

[1] 警察国家一般指行政国，特点是行政权力的广泛和强化，表现为建立在封建王权之上的高度集权。在这样的国家，统治者的个人意志操纵国家机器，行政活动范围涉及社会的方方面面，行政权力不受法律约束。

30 米到 100 米。只要能解决灌溉问题，这里遍地都可以种植作物，绝对不会有粮食短缺的困扰，实在是天赐的福地。

但是，让百姓修建水利工程需要强权和强制力。不过强制力是秦国最不缺的东西。如果用权力施压，惩罚叛徒，整治偷懒的人，那百姓们就会拼命努力干活。虽然百姓是迫不得已这么做，至少这样能暂时保证粮食充裕了。

关于当时的人口数量并没有定论，据说公元前三世纪的时候，中国全国大概有两千万人。而秦国当时只是诸侯国中的一员，粮食的产量足以满足需求了。

中国自古就流传着一句话——“善治国者必先治水”。曾经治理洪水的禹建立了中国第一个世袭制朝代——夏朝。之所以要建立世袭制朝代，也是因为有私有财产要传给下一代子孙。

所以，所谓指导、指挥人们开凿水渠进行灌溉的人能取得天下，是因为水利工程有长远的价值，能带来财富。

白刃战的引入

秦国除了重用异国人之外，还引进了他国的战术。

人们对秦国取得天下的原因，有多种多样的看法。其中一种观点认为，秦国之所以能取得天下，是因为学会用廉价的铁大量生产铁制品，推动铁制武器普及，让每个士兵都拥有了兵器。

但是，这种说法尚未通过考古发掘得到证实。因为已经出土的兵器中，青铜兵器占了大多数。

中原地处平原，其传统作战方式是驾车作战。由三只或四只马拉战车，贵族坐在战车中间，左右分别是驾车的人和弓箭手。这种田园牧歌式的战争，后来转变为了骑马作战。

前面提过，骑马作战是赵国的武灵王采用的战术，这种战术很快就在战国各诸侯国中传播开来。为了方便骑马，中原人的服装也在一点点发生变化，开始穿着裤装和窄袖上衣。而南方由于河道纵横，无法骑马作战。正所谓“南船北马”，南方坐船，北方骑马，地理条件决定了中国南北的传统交通方式。河道多的地方才需要坐船，在这种地方无法使用骑马这种机动性较强的作战方式，只能以白刃战为主。

另一方面，中原各国并不擅长白刃战，经常要依靠马来作战。从春秋末年开始，南方训练步兵作战，让步兵的实力变得尤为强悍。秦国也引入了这种战术。秦国最擅长的就是择善而从，不问出处。不久之后，秦国人就变得非常善于白刃战。

白刃战需要身着甲胄的步兵井然有序地战斗，自顾自地冲上去取敌军首级是行不通的。将军负责指挥步兵——击鼓进军，鸣金收兵，每个步兵都要严守军令。

让人服从规则是秦国的看家本领。胆敢不服从或是做错了、没听到，都要接受惩罚。必须看信号行动，必须听从将军指挥。这样的军队，在白刃战中所向披靡。

而当时的中原各国还没有适应白刃战，他们擅长的依然是传统的车战，或是直接骑马作战。面对与秦国的白刃战时，各国毫无招架之力。

让秦国军队变强的因素有很多，秦国军队是在秦国的经济力量、政治力量和国家性质的综合作用下，才变成了战国最强的虎狼之师。

由此可见，秦始皇之所以能够统一天下，秦国的拿来主义发挥了很大作用。

老谋深算的王翦

秦始皇继位后，将军王翦开始在政坛上活跃。燕国曾派刺客刺杀秦始皇，而王翦则是后来率兵攻打燕国的人。

王翦是一位骁勇善战的大将。当时，秦国逐一消灭各诸侯国，下一个要攻打的国家就是楚国。楚国地处东南，与其他中原的国家情况不同，而且当时楚国已经吞并了越国，变成了超级大国。

秦始皇询问已经上了年纪的王翦，攻打楚国需要多少兵力，王翦回答：“请让老臣带六十万兵将前去，定不辱使命。”不过，六十万人实在是个大数目。

一位叫李信的年轻将军听罢说：“自己只要二十万士兵就够了，二十万士兵足以消灭楚国。”

在王翦的传记中，这句话是李信说的，但根据《史记》中的《秦始皇本纪》的记载，这句话是王翦的儿子王贲说的。无论是李信还是王贲，总之是个年轻人。

秦始皇认为自己的军队战斗力非常强，对付楚国根本不需要六十万人，有二十万就足够了，便拨了二十万士兵给那个年轻的将军。与他一同去攻打楚国的，还有后来去修建长城的蒙恬将军。

他们率领二十万士兵去攻打楚国，最初是每战必胜，殊不知楚国另有安排。

楚军接连溃败，秦军也逐渐放松了警惕。楚军看准时机，连续三天三夜不吃不喝、不眠不休，一路疾行，打了秦军一个措手不及。秦军顿时阵脚大乱，狼狈地逃走了。

秦始皇得知战斗失败后，亲自去向王翦道歉，请他出马。

“我没有采用你的战术才导致大败，恳请你施以援手。”

王翦则再三推托称：“臣老糊涂了，陛下还是另寻他人吧！”

但秦始皇不答应，再三请他出马。最后王翦以出兵六十万为条件，答应了去攻打楚国。

秦始皇又亲自送王翦行至灞河附近。王翦在途中，反复对秦始皇说，如果他打了胜仗，就请赐予他良田、豪宅还有园林。

他说了太多遍，使得秦始皇不得不回应道：“将军且去吧，有我在，不必为钱财之事烦忧。”

“将军与宰相不同，立下汗马功劳也无法成为王侯。”王翦答道。

不只秦国，其他诸侯国也是这样。因为将军有兵权，所以不能再让他们拥有封地。将军都聚集在都城，需要作战的时候就由君主派兵给他。拥有封地的人，一般是君主的宗亲，或是宰相这种文官。

因此，王翦的意思就是，既然他无论立下多少功劳也不能拥有封地，至少拜托秦始皇多给他一些田地、豪宅，还有能让他欢度晚年的山水庭院。虽然王翦还没有打赢楚国，但他想趁这个机会，先得到为子孙准备的家产。秦始皇也懂他话里的意思，笑着让他放心。

王翦拜别秦始皇之后，在出函谷关之前，派使者去找了五次秦始皇，一再重复刚才的请求，让秦始皇保证兑现诺言。

有个部下听到了整个过程，担心王翦是不是求过头了。

“你想错了。秦王为人暴戾，疑心又重。我现在率领着六十万士兵，这相当于秦国举国的兵力，咸阳城里兵力空虚。万一我趁机造反，打进咸阳呢？所以，秦王恐怕对我不放心。我要想为后代子孙积累资产，稳固自己的地位，就必须让秦国变强，不然秦王就无法兑现给我的承诺。只有这样才能令秦王安心啊！”王翦解释道。

也就是说，王翦要良田、豪宅还有山水庭院，并不是因为真的想要这些东西。他是为了告诉秦始皇，自己只想让子孙过得幸福，绝对没有异心，更没有造反的念头。由此可见王翦的老谋深算，完全摸透了秦始皇的性子。

王翦虽然出兵，但他并不急于攻城略地，也不去迎战，相反却一直在躲在要塞当中。王翦打到一个地方，便在那里修建要塞，在里面踢蹴鞠、泡澡，令士兵休养生息，养精蓄锐。与此同时，王翦与将士们食同席、寝同榻，逐渐赢得了士兵的信任。可见他有多么善于收买人心。

等到充分休息好之后，秦军才出去迎战。虽然此前楚军多次挑衅，但秦军就是不迎战。就在楚军以为秦军无意作战，开始退兵的时候，王翦立刻率领全军追击楚军，获得大捷。这样的机会稍纵即逝，必须让士兵完全听命于自己，所以王翦事先和手下的士兵打好关系。

王翦在蕲河南边打败楚军，杀掉楚军将领项燕。这人是项羽的同族。最终秦军消灭了楚国，俘虏了楚王，吞并了整个楚地，还借机降服了楚国南边百越之地[1]的诸王。

[1] 百越，先秦古籍对南方沿海一带古越族人及其部落的泛称。《汉书·地理志》有记载："自交趾至会稽七八千里，百越杂处，各有种姓。"百越之地，即今江苏南部沿着东南沿海直至越南北部长达三四公里的沿海地区。此处所指收服的为今广东省、福建省及其周边。

【陈说】

虽然《史记》说白起败于和范雎的派系斗争，但做最后决定的还是昭王，怎么想他也不会因为发一两句牢骚就杀掉一个身经百战的将军。

白起自从受封为武安君以后，权势之大以至功高震主。君主对一个掌握军权的大功臣总是耿耿于怀的，而且昭王已经在位五十年，相当年迈，自己在位的时候，或许还有压制白起的信心，但想到自己去世以后的政治局势，就惴惴不安。自己对长子进行过帝王学的教育，但是长子早逝，不得已把次子安国君提为太子。然而这个安国君正式即位三天就死去，大概一直体弱多病吧。趁早除掉手握调兵遣将大权的巨头，自己才能稍微放心。这恐怕才是白起惨死的真正原因。

秦始皇和他的曾祖父昭王一样，都是性格多疑。昭王小时候也在燕国当过人质。因为同父异母的哥哥武王无子，所以他出乎意外地继承王位。这一点也和秦始皇很相似。

——陈舜臣《中国的历史·第二卷·统一天下》

秦始皇二十四年（公元前223年），王翦消灭楚国。秦始皇二十六年（公元前221年），王翦消灭齐国，平定天下。在统一天下的军事方面，王翦是最大的功臣，而另一个功臣蒙恬则是被秦始皇派去北方修建抵御匈奴的长城了。

秦始皇在世时，王翦的儿子王贲虽然也已亡故，但王翦父子也算得以善终，但作为秦国的将军，如此善终的屈指可数。

秦始皇在位时，有王翦、蒙恬等良将为其效劳；秦昭襄王在位时，也有一位功臣，名叫白起。白起曾在长平大破赵军，坑杀数十万俘虏，是不可多得的猛将。而且这种斩草除根的狠辣手段，也只有秦国才使得出来。

后来，白起因为与秦昭襄王意见不合而退居二线，后又被强令出战。白起拒不受命，秦昭襄王一怒之下将他赐死。

白起在死前仰天长叹：“我究竟做错了什么，为什么非要我死不可？”

转念一想，白起明白了：“我在长

平之战中活埋了数十万俘虏，这是天大的罪过啊！”就这样，一代名将结束了自己的生命。

王翦能够得以善终的最重要的原因恐怕就是他的深谋远虑。他摸透了秦始皇的性格，在秦始皇面前假装不贪恋权势，从而打消了秦始皇对他的怀疑。

至于蒙恬，后面在讲述大秦帝国灭亡时会再提到他。他就是因为疏于防范，最后才不得不自尽。

扩展：王翦的墓地今位于陕西省富平县到贤镇东门外三里许的纪贤村永和堡北。

图片来源：清宫殿藏画本

收缴天下兵器

统一天下之后，秦始皇曾下令收缴天下兵器，这与太阁秀吉的刀狩令十分相似。[1]

当时的兵器大多由青铜制成。秦始皇命人将收缴上来的兵器制成了一口大钟，以及名为“虡”的钟架。之后，又造了十二个铜人。铜像体积庞大，每一个有一千石。一千石约是现在的三十吨那么重。不过十二铜人已经不知去向，也无从得知这些铜像是什么样子。有一种说法认为，铜像雕刻的是向秦国投降的异族人，或许是摆出下跪的姿势的匈奴人或者百越王。还有人认为，十二铜人是仙人的模样。不过这些也都是猜测而已。秦始皇就这样收缴了天下的兵器，前六国的人也就都没有武力反抗了。

[1] 太阁秀吉指日本武将丰臣秀吉。为防止起义，同时巩固对庶民的统治，丰臣秀吉曾下令收缴百姓手中的武器。此举即为刀狩令。

秦国虽然没收异国兵器并将其销毁，但本国的兵器还被好好保留着。在兵马俑坑的发掘过程中就出土了多达上万件的青铜兵器，其中有很多青铜箭镞和剑矛戈戟保存完好，有的还依旧锋利，通过这些兵器足以窥见秦国当时的兵力强盛。为了守卫秦朝的天下，自然要不断增强军事力量。秦始皇凭借军事力量夺得天下，应该也想继续保持住这一优势吧。

第十一章 文物会说话

二世曰：『先帝後宫非有子者，出焉不宜。』皆令从死，死者甚众。葬既已下，或言工匠为机，臧皆知之，臧重即泄。大事毕，已臧，闭中羡，下外羡门，尽闭工匠臧者，无复出者。树草木以象山。

——《史记·十二本纪·秦始皇本纪》

意外的重大发现

秦朝统一天下后很快就灭亡并被汉朝所替代，所以历史上习惯把它与足足持续了四百年的汉朝合称为“秦汉”时期。不过已出土的秦汉文物中汉代文物占了绝大多数，能够确定是秦代文物的并不多，这一直是人们心中的遗憾。但近年有了一个颠覆性的重大发现——骊山陵附近的兵马俑坑。

骊山陵以封土为中心，筑有内外两重城垣，兵马俑坑位于外城垣东侧 1.5 千米处。兵马俑坑的存在于 1974 年首次发现，并于 1979 年 10 月 1 日的国庆节正式向外界公布。

兵马俑坑距骊山陵封土堆约 2 千米，由一号坑、二号坑和三号坑组成，另外还有一个坑是空的。另外有陪葬坑夹在骊山陵与兵马俑坑之间。据史书记载，其中葬着的是为秦始皇殉葬的人，包括那些没有子嗣的妃子。

奇怪的是，殉葬一事在史书上虽然有迹可循，但关于兵马俑坑的记载却是毫无踪迹。目前已知的真人大小的陶俑有7000个左右，这种大规模的量产应该有人记录下来才对，可是现存的史书却只字未提。

发现兵马俑坑完全是一场意外。当时，陕西省临潼县（现西安市临潼区）安寨人民公社西杨村的村民们想挖一口井，在挖到4米左右的深度时挖出了一些陶片。据说在唐朝的安史之乱时（八世纪中叶），长安城的有钱人会在逃难前将金银财宝都放进陶罐埋到了地下。后来，当地还真有人挖出了这样的陶罐。所以挖井的村民们就半开玩笑地说："底下搞不好有金银财宝，挖的时候当心点儿啊。"谁知底下埋的不是金银财宝，竟是远比那更加贵重的无价之宝。

中国有许多重大的考古发现都是始于意外，事先确定目标再去发掘的例子反而比较少。

比如，出土金缕玉衣的中山靖王墓是解放军在河北省满城县演习时发现的，湖南长沙的马王堆汉墓是在建医院时发现的，而新石器时代的半坡遗址则是在建发电厂时发现的。

文物有多贵重自不必说。以唐高宗与女帝武则天合葬的乾陵为例，虽然目前没有人挖开过，但谁都知道这里面一定能挖出价值连城的宝物。清朝雍正皇帝的泰陵也是如此，当时有人在泰陵琉璃影壁处发现了一个旧盗洞，各方学者也一直在呼吁对泰陵进行考古发掘。中国国家文物局于1980年批准对泰陵地宫展开清理发掘，但是负责现场发掘的考古学家发现盗洞仅深 2 米，没有触及下面的原始封土，证明了秦陵地宫没有被盗。上报相关情况后，中国国家文物局批复回填盗洞，停止发掘工作。话虽如此，一旦真的发掘陵墓，又要建一两座博物馆来存放里面的文物。从多种角度来衡量发掘陵墓的利弊，最终的结果就是现在中国的考古方针是能不挖就尽量不挖。正是因为不主动发掘陵墓，近年的重大发现才都是源于意外。然而兵马俑坑引发了如此极大的轰动，则是因为史书上没有任何记载。

两千年前的禁卫军

虽然文献史料记录了秦国军队的信息，但具体情况不明。兵马俑坑有许多用陶土烧制的士兵像，我们可以想象当年秦军是以何种面貌何种方式进行战斗的。而兵马俑坑的妙处，也正在于它忠实地还原了秦国禁卫军的风貌。秦国有各种各样的军队，如果秦始皇的陵墓是浓缩版的咸阳城，那么陵墓东侧人数众多的军队就是禁卫军。

禁卫军大约有七千人，是从全国选拔出来的精兵。兵俑平均身高为 1.8 米，可见秦始皇当年选拔的都是高大魁梧的人。兵俑如真人大小，个个都是雄壮的精兵，且装束轻便。虽然他们也身穿铠甲，但这种铠甲便于活动，与日本烦琐的铠甲完全不同。除了兵俑以外，战车部队以及指挥部也都和实物大小相同。

军队分为左军、右军以及中军。三个俑坑中的兵马俑一号坑，容纳的是三军中的右军。右军阵营中以步兵为主。步兵不仅仅是右军的主力，同时还是秦国军队的主干。秦国之所以能在白刃战中接连获胜，步兵可谓是有着汗马功劳。由此推测，位于一号坑的右军应该是秦军的主力。

考古工作者在尝试发掘了一号坑左侧 1036 平方米的土地后，发现了 1441 个兵马俑，及 89 辆战车。从战车占比较高的情况来看，可以推测这支军队为左军。因为左军的编制中既有步兵也有骑兵，算是一种战车部队。同时由于骑马机动性较高，左军也负责打头阵。

发现一号坑之后一个月后又发现了三号坑。三号坑是呈“凹”字形的小型坑，面积只有 520 平方米，中室位于坑的东侧。中室里有一辆装有华盖、涂有颜色的驷马战车。三号坑中的兵俑都是彩色的，虽然现在已经变得斑驳，但脸上还残留着不少色彩。而这辆车应该就是被称为戎车的指挥车。

戎车能容纳四个人，但因为满载会比较拥挤，不方便作战，所以一般情况下是三个人用一辆战车，左中右各坐一个人。相比之下，这辆车上有 4 个兵俑，以此推断这辆车不是用来作战的，而是用来向士兵下令。车上空间狭小，无法随意挥舞长矛，而且他们拿的是一种名为“殳”的仪仗，并非武器。

话说回来，如果将一个物品大量生产，甚至做了七千之数，那这个物品就很容易出现相同的形态。有一个成语叫作“千篇一律”，或许也是用来描述这样的状况的。有些人觉得，兵俑会不会只有外形不同，相貌则完全相似呢？

事实上，由于禁卫军中皆是从全国选拔出来的有用之才。既然来自全国，那便是东西南北的人都有，或许当时具有中国各地特色的面孔都聚集在这里了。为了表现出各地不同的风俗，兵俑的发型也各不相同。

并且兵马俑虽然是量产，但每一个都长得不一样。有人表情平静，有人斗志昂扬，有人英姿飒爽，还有人强忍不安、面露担忧之色。尽管陶俑被埋在土里多年，但效果依然很逼真，真实地还原了秦国兵将的形象。

比如将军俑则头戴冠冕，肩膀、背后或是前胸有装饰品。因为与普通士兵不同的装饰，士兵很容易知道自己的长官在哪里，并按照长官的命令行事。指挥作战的司令在战车里鸣金就代表撤退，击鼓则代表进军。如果被敌军猜到信号的含义，后果会很严重，所以秦军也经常改变信号。但原则上，鸣金一般都代表着撤退。“金”的形状像钟，但是用来敲的，与计时的西洋钟不同。

跪射俑，即弩兵单膝跪地，做持弩待发状。而他抬起的那只脚，连鞋底的防滑纹路都纤毫毕现。此外，全军每个人都系着领巾，在保护颈部皮肤不受铠甲伤害的同时，又不失英气。每位士兵都英姿勃发地拿着兵器，长矛占多数，也有戟等。

兵马俑对研究历史，或是研究武器、服装、军队政法的人来说，实在是一座宝库。兵马俑栩栩如生的样子，为研究人员提供了宝贵的资料。

尽管兵马俑的制作如此精良，却没有任何相关记录。在现代人看来，兵马俑是令人惊叹的珍宝，但在当时的人眼中可能只是普普通通的东西。而且兵马俑不过是工匠奉秦始皇的命令制作的，省了人工费也就没什么成本了。

所以，项羽打进咸阳城的时候也没有动兵马俑，他掠走的是那些更值钱的宝物。项羽嫌兵马俑笨重，拿出去卖也没人要，兵马俑也因此躲过一劫。

这印证了老子的学说，无用的东西才会被留下。同样是树，笔直的树更便于利用，所以很快就会被砍掉。最后被留下的都是歪七扭八、不易点燃的树。在当时的人看来，也许兵马俑也没什么大用，所以不值得记录下来。

而且我很好奇兵马俑到底是在何处烧制而成的。按理来讲，这些陶制的俑应该是在窑里烧制而成的，但附近并没有窑的遗迹。如此想来，兵马俑或许是在野外将头部、上身和腿分开烧制之后，再拼装到一起的。

而且当时人们是用什么燃料烧制兵马俑的呢。如果用木材烧制，那么这么多俑可能要砍光附近两三座山上的树木。树被砍光之后又会给当地百姓造成多大灾难呢，也是个令人担忧的问题。

主帅俑到底是谁

为了防止地方作乱，秦朝推行中央集权制，兵权和行政权都归中央所有。秦始皇将全国的十二万达官显贵都迁移到了咸阳，以免地方出现有权有势的人。

秦始皇为了强化中央这根树干，将天下的财富都集中到都城来，也不在乎地方作为枝叶会有什么后果。即便地方发生叛乱，也可以立刻派兵前去镇压。地方虽然也有驻兵，但都成不了什么气候。兵马俑坑真实地反映了精锐部队的精锐程度，以及精锐部队都被集中在中央的情况。

兵马俑坑在秦始皇陵墓旁边，是守卫他的军队。全军的指挥官是元帅，秦国将指挥官称为主帅。但是，在目前已经挖开的三个坑里面却找不到一个像主帅的人物，不知道是不是没来得及做出来，又或者是还深埋地下未被发现。总之，秦始皇命人制作了七千多个兵马俑，这当中却没有主帅。

三号坑有一个用帘子围起来的指挥部。布做的帘子早已腐坏，挂帘子的金属夹倒还算完好，只是里面唯独缺了个主帅俑。那么，这位主帅到底是谁呢？

首先，他有可能是蒙恬。建造兵马俑坑的时候，蒙恬还没有死。王翦也有可能是主帅的人选，但他当时已经离世了。主帅究竟是离世的王翦还是在世的蒙恬？为什么没有主帅俑？这些问题都是谜。

事情的真相任由后世的人揣测，不过我认为，王翦更有可能是主帅。骊山陵与兵马俑坑之间有许多陪葬坑，三号坑西侧 150 米处就发现了一个大型古墓，墓室大概有 300 平方米那么大。墓主的身份无人知晓，但我推测这有可能是主帅王翦的陵墓。从王翦的传记可知，秦二世继位时，王翦父子二人都已不在人世。所以，王翦在秦始皇在位时便已去世，这座古墓应该是王翦的墓。

秦始皇希望王翦能担任主帅，在自己死后继续守卫自己。但当时王翦已死，还建好了陵墓，所以王翦的陶俑没有进入兵马俑坑。这也是一种推理。

中国的皇帝都是在登基后就开始修建自己的陵墓。秦始皇用三十多年的时间为自己修建陵墓，想来定是计划已久，或许一开始就打算把陶俑大军放在兵马俑坑中。一个时间跨度这么长的计划，最重要的主帅怎么可能缺席？这就是我推测王翦应当是主帅的原因。

秦朝文物二三事

秦孝公十二年，咸阳正式成为秦国都城，历时约一百五十年。在此之前，秦国曾经数次迁都。秦国最早的都城是凤翔县南面的雍城，第二个都城在临潼。

针对秦国都城的发掘已经初具规模，正在逐步推进。得出详细的考古发掘报告之后，秦国的崛起之路应该就能清晰地呈现出来了。

如今中国的博物馆陈列着许多秦始皇时期的文物，其中有一种东西叫作“铜权”。权，即秤锤，相当于现代的秤砣，作为当时全国统一量器的标准，具有很高的历史价值。秦始皇在统一度量衡时，制作了容积为一升、一合的标准量器，将这种量器推广到了全国。在规定标准重量时，秦始皇同时制作了重量为一斤的铜权，并在上面刻上了诏书：

廿六年[1]，皇帝尽并兼天下诸侯，黔首大安，立号为皇帝。乃诏丞相状、绾，法度量则不一，歉疑者，皆明壹之。

中国的东北地区和山东省都发现过铜权，可见标准量器在当时确实被发放到了全国各地。离咸阳城很远的地方也出土了铜权，就证明统一度量衡并不是吹嘘，而是真的落到了实处。

制作度量衡标准器、统一了度量衡之后，违反命令买卖中使用其他量器的人就会被抓起来沦为囚犯。而这些犯人也会被勒令参与修建长城和阿房宫。存留至今的文物，就是像这样为我们讲述了一件件隐藏在历史中不为人知的故事。

秦朝还有许多可以被称为文物的东西。比如，咸阳宫房顶的瓦当，其设计非常精巧。还有许多葫芦形的酒壶。

再就是粮仓。秦始皇曾命人用陶土做了粮仓的模型。遍地的粮仓能够体现秦国的富庶，展现出了关中平原的实力，以及秦国统一天下之后的经济力量。

除此之外，秦朝还有类似冰箱的东西。容器高 1 米，直径 1.75 米，和冷藏东西的地窖很像，挖好坑之后把它埋在地下就可以使用了。秦始皇曾经造了 13 个这样的容器，并将它们连在一起埋到地里。这也显示出了当时秦国的强大。

[1] 秦始皇二十六年，即公元前 221 年。

但在前面也说过，这种强大仅限于都城。秦国的方针是一味地让都城变得更强。在政治方面，皇帝也同样集所有权力于一身。尽管“只要中央强大，地方贫弱一些也无所谓”这样的想法十分无情，但这就是秦始皇的性格。

无情的性格帮助秦始皇统一天下，同时也导致了秦朝灭亡。秦始皇只给中央配备强大的军队，削弱地方军队的力量，他将地方的富豪都召集到咸阳，不让地方出现有权势的人。

按照秦始皇的计划，只要将全国的十二万户富豪都聚集到中央来，地方就没有实力再与中央抗衡了。但他没有料到的是，能造反的人不只这些权贵。

至于其他的秦朝文物，则要等待历史学家们进一步的发掘与考证。最具代表性的一些秦朝文物在秦始皇陵博物馆都能见到。目前出土的许多文物可能是战国末期的，也可能是汉代初期的。无法确定具体的朝代，只能笼统地称之为“秦汉”文物。但是，从目前能够确定的秦朝文物来看，东北地区出土了大量的陶制量器。在当时还处于偏远地区的东北都能发现秦朝文物，这让人不得不为秦朝强大的统筹能力所折服。

等到雍城的考古发掘报告出来的时候，人们就能进一步地去了解秦朝文物了。但从目前的发掘成果以及文物分布的地区来看，都城之外的地方都找不到有价值的秦朝文物，这也反映出了当时社会的真实情况。

第十二章 大秦帝国的覆灭

灭秦之後，各分其地为三，名曰雍王、塞王、翟王，号曰三秦。项羽为西楚霸王，主命分天下王诸侯，秦竟灭矣。後五年，天下定於汉。

——《史记 十二本纪·秦始皇本纪》

博浪沙刺杀事件

最初自称皇帝的时候，秦始皇曾豪迈地说自己是第一代皇帝（始皇帝），皇位会传给二世皇帝、三世皇帝，直至无穷。他以为秦朝能延续到永远，就算不可能永恒，至少也能延续很多年。然而，秦朝在秦二世这一代就灭亡了。

秦始皇死后短短三年，大秦帝国覆灭。我们只需讲讲秦朝覆灭的过程，秦始皇的形象就会自动浮现出来。

秦始皇认为只要牢牢控制住中央，就算发生什么万一也能保全中央。他万万没想到，事情并不会像他预期的那样发展。就像秦始皇曾想依靠“焚书坑儒”来控制百姓的思想。但诗书可以烧掉，人心是烧不尽的。

秦始皇为彰显自己消灭六国的功绩，每灭掉一个国家，就仿建一座那个国家的宫殿，从咸阳宫起排成长长两列。虽然是仿品，但几乎和真的一模一样。然后，再把抢来的宝物和美人都放在里面。惨遭灭国的忠臣，在这种羞辱下对秦始皇的仇恨也逐渐加深。

此处不得不提一下后来成了汉高祖刘邦的谋臣的张良。张良祖上代代都是韩国的相国。家国破灭的他曾想找个机会报复秦始皇。

燕国曾将刺客荆轲送入秦国，这次张良找了个大力士来刺杀秦始皇。由于无法接近秦始皇，他们选择了从远处向他的车队投掷东西。

用来投掷的东西，就是重达 120 斤的大铁锤。两人想将这个大铁锤扔向秦始皇的车队，摧毁秦始皇坐的马车。可是事情没有如张良料想的那般顺利，瞄准的失误让秦始皇死里逃生。

《史记》记载：

二十九年，始皇东游。至阳武博狼沙中，为盗所惊。求弗得，乃令天下大索十日。

在那之后，秦始皇令手下的人连续找了十天，却一无所获。

有这样的结果，是因为所有知晓此事的人都在袒护张良。有人知道张良找过大力士和善于投掷的人，却不愿向搜查的人透露半个字。痛恨秦始皇的人太多了，以至于谁也不会出卖刺杀他的人。这次的刺杀事件于秦始皇二十九年（公元前 218 年）发生在河南省阳武县的博浪沙。

遗诏的谜团

博浪沙刺杀事件没过去多久，秦始皇又一次巡游。像秦始皇这样频繁巡视的皇帝，在中国也并不多见。有一种观点是秦国曾经处于中国的最西边，深受西方国家影响。

比如西亚的阿契美尼德王朝的大流士就曾经四处巡视，并在各地建造了石碑。而印度的阿育王则是在全国各地都建造了佛塔。不过对于秦国极有可能受到了西方的影响说法，尚未找到确切的证据证明。

姑且认为秦始皇是个喜欢到处巡视的人。每次出行，他都要在当地修建石碑，以向后世宣扬自己的功绩。秦始皇三十七年（公元前 210 年），他开始了最后一次巡视。右丞相冯去疾留守咸阳，左丞相李斯随行。

这次，秦始皇带上了最小的儿子胡亥一起去。胡亥有点儿笨，但秦始皇似乎就喜欢笨一点的孩子，对胡亥极为宠爱。但是，秦始皇并没有把胡亥当作自己的继承人。

在巡视行至山东省的平原津时，秦始皇染疾病倒。但秦始皇还不想死，他耗费无数钱财，派徐福去东边的海上寻找长生不老药。但直到他生病，药还是没有送过来。

始皇恶言死，群臣莫敢言死事。

据史记的记载，秦始皇极度厌恶别人提到“死”。于是，朝野上下“死”成了禁语。但是，死亡还是如期来临了。秦始皇最终驾崩于沙丘[1]。

起初只有丞相李斯、宦官赵高（？～公元前207年）和胡亥知道秦始皇驾崩了。这三个人毁掉了秦始皇死前写好的遗诏，又重新伪造了一份诏书。秦始皇的遗诏是写给长子扶苏的，他命扶苏返回咸阳接收自己的遗体，并主持葬礼。而素来国君丧礼都是由太子主持。

扶苏是帝王之才，但因劝阻焚书坑儒一事，被秦始皇一怒之下赶去和蒙恬修筑北方的长城。但这并不意味着流放扶苏，而是让他去长长见识。秦始皇视扶苏为皇位的继承人，想让他先实地考察军队，为以后做准备。

[1] 沙丘，位于今河北省邢台市广宗境内。

胡亥等人伪造的遗诏，写明要赐死扶苏。假遗诏还言明扶苏总和始皇帝对着干，还阻止焚书坑儒，所以要赐他死罪。给蒙恬的罪名则是没有尽到看管扶苏的责任，令其自行了断。回到咸阳后，胡亥作为二世皇帝继位。而据说设计这一切的人，正是宦官赵高。

但是人们对于这件事也有多种看法。这三个人到底把这个秘密告诉谁了？七十年后出生的司马迁虽然记录了这件事的经过，但按理来讲知情人那时应该都已经死光了。至于真正的遗诏是怎么写的，就无从知晓了。

遗臭万年的宦官赵高

司马迁善于活灵活现地描写历史人物。而他的写作特点之一，便是不管描写的人是谁，他都会尽可能地突出那个人身上的闪光点。

司马迁描写秦始皇的时候就是这样。虽然司马迁笔下的秦始皇是暴君，但他并不是用自己的话来形容，而是引用了汉代贾谊写的《过秦论》来展示秦始皇的残暴。司马迁这样做，或许也是为了表明自己的态度：秦始皇虽然犯了很多错，但我仍然肯定秦始皇统一中国的功绩。

有人认为写史书就不能掺杂自己的感情。但推动历史发展的主体是人，完全不带感情去记录是不可能的，人们应该学会用同情的眼光看待历史。

司马迁在创作时最同情的人是屈原，其次是说客苏秦。虽然苏秦在司马迁笔下是一个擅长权谋策略的大坏人，但司马迁写过这样一段话：

夫张仪之行事甚於苏秦，然世恶苏秦者，以其先死，而仪振暴其短以扶其说，成其衡道。

社会上厌恶苏秦的原因，是因为他先死了，而张仪为了宣传他自己的主张，张扬暴露了苏秦合纵政策的短处，以促成连横政策。

即便司马迁同情屈原和苏秦，但只有一个人能让心软的他口诛笔伐，这个人就是宦官赵高。赵高在秦始皇身边侍奉，同时是皇子胡亥的老师。

赵高等人知道遗诏的秘密后，伪造了一份遗诏，除掉了正统继承人和辅佐继承人的将军。这样一来，天下就属于他们三个人了。

然后，他们又封锁秦始皇的死讯，将遗体用辒辌车秘密运送回都城咸阳。这种车内部阴凉、通风良好，秦始皇以

【陈说】

伪造玺书这件事，就赵高、当今的秦二世胡亥和李斯三个人知道。这三个人绝对一辈子都不会透露出去的，司马迁在《史记》中说伪造玺书，那么他又是怎么知道的呢？

也许秦始皇的玺书本来就是指定胡亥为继承人。就是说，有可能根本就没有伪造玺书。世间的人们喜欢受儒家思想熏陶、深怀慈悲之心的扶苏，就编造出伪造玺书的故事。

——陈舜臣《中国的历史·第二卷·楚汉相争》

前在夏天巡视时坐的就是这种车。过了一段时间，尸体开始腐烂发臭。于是他们买了许多腌鱼放进随行的马车里，用鱼腥味掩盖尸臭，再让一位官员坐在辒辌车里，制造秦始皇还在世的假象。他们想尽办法掩盖秦始皇的死，待到一切按照计划发展之后，才正式发丧。

胡亥成为秦二世后，赵高为了掌控实权，开始在暗地里运作。赵高最强大的对手便是李斯，虽然他与李斯利害一致，但都把对方当成死敌。

也许是因为李斯知道同一个秘密，引得赵高对他的猜忌越来越重，最后用计害死了他。

赵高还会通过一些令人匪夷所思的事情来测试别人是否真正听命于自己。《史记》中有一段这样的故事，不知道是真是假。

有一天，赵高牵着一只鹿走到胡亥面前，说："这是马。"

胡亥感到莫名其妙。"这明明是鹿。硬把鹿说成马，你没事吧？"

胡亥又问殿下群臣，最后回答是鹿的人都惨遭迫害。只有那些顺着赵高的意思回答是马的人才得到了赵高的信任。虽然说来难以置信，但赵高最后只给了那些指鹿为马、乖乖听话的人一条活路。

扩展：《史记》记载，汉元年十月（公元前206年），得知刘邦的政策后，秦地的百姓十分高兴，争先恐后地拿出家里的美食款待士兵。刘邦又不肯接受，说：“粮食充足不愿百姓破费。”百姓们更加高兴了，唯恐其不做秦王。

图片来源：《帝鉴图说》

入關約法
漢高帝

逃犯起义与大秦灭亡

如此残暴不仁的政权绝不可能长久。当时全国总共两千万人，其中有一百多万人都是囚犯，毫无疑问这是违背常理的。只是稍微弄错了度量衡，就有牢狱之灾。而且朝廷在全国范围下达了征调令，囚犯在被按照规定的人数划分好之后，就要被带去修建长城和阿房宫。这些囚犯到达指定地点的日期也是有严格规定的，若不能如期到达，就要遭到严惩。

也许是因为秦始皇死后第二年天气异常，大雨一直下个不停。道路被淹，桥梁被冲垮，被征调的囚犯无论如何也无法准时到达了。就算顶风冒雨拼命赶路，迟到了也照样要被砍头。囚犯们一想横竖都是死，干脆造反好了，于是大家就地解散。一时之间，全国到处都是反抗暴秦的人。

后来夺得天下的刘邦也是如此。当时刘邦已经年过四十，所以未被征调。不过他是负责押送囚犯前往目的地的人，却不料变成了他们的首领。各地逃犯云集，天下大乱，陈胜、吴广揭竿而起。

而胡亥却把自己关在咸阳宫中，拒绝听任何坏消息，谁敢告诉他坏消息就是自讨苦吃。时间一长，胡亥身边的人都报喜不报忧了。眼看陈胜和吴广就要带着义军打进来了，还是没有人提醒胡亥。毕竟说了也是要掉脑袋，这谁还敢说呢。

当义军进攻咸阳时，秦军才开始慌忙反击。但秦朝已经尽失人心，从全国各地调来的精兵也作鸟兽散。

攻城的一方是来自全国的义军，守城的一方是因为个头高大就被秦始皇从地方征调过来的人。当义军攻城时，守城的士兵只要看到认识的人就会立刻倒戈。将军章邯率领秦军与义军对抗，结果还是投降了。

赵高见形势不利，便将所有责任都推到秦二世身上，逼他自尽。秦二世苦

【陈说】

如果不下雨，陈胜、吴广一行会如期抵达渔阳，尽管满腹牢骚，却还是会执行戍边的任务。即使下雨，只要没有“**失期法皆斩**”的严惩规定，他们也还是会赶赴渔阳的。

不能不说因为“法”才逼迫他们在大泽乡反叛。法让他们绝望，不得不反，别无他路。

陈胜、吴广的揭竿而起成了摧毁大秦帝国的导火索。可以说秦兴于法，也亡于法。

——陈舜臣《中国的历史·第二卷·万里长城》

苦哀求赵高："我不要这个皇位了。我愿意当一郡之王，王不行的话当诸侯也好，千户侯也行啊！"可惜他仍然没能逃过一劫。

秦二世在城池将破的时候，问身边的宦官为什么不早点儿告诉自己，宦官答道："正是因为没有告诉您，我才能活到现在。"

秦始皇的子嗣几乎被屠戮殆尽。胡亥头脑简单，赵高担心会有别的竞争对手和他争天下，便将秦始皇的几十个皇子和公主都杀掉了。然后，赵高又立胡亥兄长的儿子——子婴为皇帝。[1]

子婴是秦始皇的孙子。赵高自以为能随意操纵子婴，结果反被子婴所杀。但一切为时已晚，以项羽为首的义军就在眼前了。

刘邦率先进入咸阳，子婴主动投降，战乱也因此停息了。想当初秦始皇创立

【陈说】

有一种说法称子婴是在万里长城附近含恨自杀的扶苏之子。

赵高杀了那么多公子、公主，子婴定是对他恨入骨髓。赵高的双亲、兄弟、妻室、子女也因此全部诛连。

——陈舜臣《中国的历史·第二卷·楚汉相争》

[1] 子婴（？～公元前206年），秦三世，秦朝最后一位统治者，在位46天。初称皇帝，后改称秦王，史称秦王子婴。

政权时，满怀着传位至千秋万代的雄心壮志，谁知事与愿违。为了在任何情况下都能守住都城，秦始皇也曾将精锐力量和地方的财富全都聚集到咸阳。看到地方没有富豪和权贵，秦始皇就彻底放心了。

但是，没有权势也一样可以推翻一个王朝。陈胜和吴广只不过是被征调的短工，这群短工高举反旗，却没想到引来了各行各业的人。这也是秦朝不得人心的表现。就算防造反防得再严密，如果负责防卫的军队阵前倒戈，那么这样的军队也就形同虚设。

其实秦军的叛变也有前车之鉴。据说周武王讨伐商纣王时，商军纷纷倒持兵器。若守城的军队倒持武器，则说明他们没有战意，愿意归降敌军。商朝就是这样灭亡的。不管用多庞大的军队守城，如果不得军心，灭亡就是迟早的事。

秦始皇明明知道这段历史，却认为自己会成为例外。秦朝怎么可能就这样灭亡，地方有什么厉害的人物吗？身强力壮的精英男子都被集中到了中央，全国的聪明人和财富也都在中央。其余六国的宫殿都被毁掉了，财富也都搬到这里来了。中央应有尽有，秦朝不可能灭亡。秦始皇肯定是这样想的 ，但这种想法大错特错。

相反，刘邦进入咸阳后，说的第一句话就是“约法三章”。

与父老约，法三章耳：杀人者死，伤人及盗抵罪。馀悉除去秦法。

刘邦心里很清楚，秦朝统治之下的百姓一直为法律所苦，动

【陈说】

项羽出身于世代楚将的名门。楚灭亡后，虽说已经落魄，但毕竟是名门出身。

刘邦是沛人，没有可以炫耀的门第。《史记·高祖本纪》说“父曰太公，母曰刘媪”，“太公”就是“大叔”、“媪”就是“大婶”的意思。甚至刘邦为始祖的汉王朝时代的记录史料里，也没有明确记载刘邦父母亲的名字，可见一定是庶民出身。

——陈舜臣《中国的历史·第二卷·楚汉相争》

不动就会因为触犯法律而沦为做苦力的囚犯，所以百姓恨极了烦琐严苛的律法。也许是刘邦身边诸如张良这样的人给他出了这个主意。律法只有三条：杀人者死刑，伤人者受罚，盗窃者也要受罚。刘邦一进咸阳就只列出三条简单的法律条文，将繁杂的秦律全部废除。对此，咸阳的百姓无不拍手称快，刘邦也因此得了人心。由此可见当时的人有多么痛恨秦朝的法律。

但是，义军的首领项羽，并不在乎这些细枝末节，他一进城就四处纵火，破坏秦始皇的陵墓，将墓中的财宝洗劫一空，只放过了兵马俑坑里不值钱的陶俑。因为项羽，咸阳的大火烧了好几个月，秦朝的霸业也毁于一旦。

项羽虽然与刘邦说好谁先进城谁就是皇帝，但得知刘邦进了咸阳之后，项羽立即翻脸不认人，反而迁怒于刘邦。这便引出了后来的“楚汉争霸”。

项羽出身名门，是楚国将军之后，他手下应当还有一些旧部。但在当时，精兵都被抽调去了中央，项羽所集结到大约也不算什么雄师，但多少也算有一些兵力。至于刘邦，他不过是沛县[1]的一个芝麻官。与其说是官员，他其实更像是一个地痞流氓。

项羽和刘邦，加之陈胜和吴广，这样的一些普通人，为什么能号召这么多人为他们卖命呢？或许老百姓觉得，他们再差也比秦始皇强。无论让他们来统治有多糟糕，至少不会比现在更惨了。百姓对秦始皇恨，着实已经深入骨髓了。

项羽和刘邦或许曾经默默地思量过：自己并不十分理解这些将士的心情，为何能够召集这样庞大的部队为自己效力。但这一路上不断地有新人追随他们，到了咸阳附近，连秦军都加入了他们的队伍。这件事告诉我们，要想守卫国家，最重要的是得到人心，增强军队实力，调整军队制度反而是排在第二位、第三位的。

【陈说】

按照当时的状况，秦朝也支撑不了多长时间。但是，如果没有陈胜的举兵，汉能否接替秦建国也未可知。如果再晚十年的话，刘邦在年龄上恐怕已不适宜参与争夺天下这样的大业。陈胜举兵的时候，刘邦也就是四十岁左右，正是精力旺盛的时候。或许从这个意义上说，陈胜是汉王朝的恩人。

——陈舜臣《中国的历史·第二卷·楚汉相争》

[1] 沛县，今江苏省徐州市下辖县，刘邦的故乡。

新一任秦王子婴选择主动向刘邦投降。子婴按照投降的仪式，在脖子上系上白绫，坐上白马拉的白车，带上了一副棺材。在脖子上系白绫就代表甘愿被绞杀，也就是要杀要剐，悉听尊便的意思。刘邦给子婴留了一条活路，随后入城的项羽却毫不留情地将子婴杀死，宣称自己是下一任皇帝。

由于项羽不吸取秦始皇的教训，最后让刘邦在争斗中占了先机。项羽崇尚精英，将精兵都集结在自己手下，一旦有人和自己对着干就带兵去讨伐，长此以往军队自然疲惫不堪。秦始皇把精兵都聚集在咸阳才导致失败，项羽不仅和他犯了同样的错误，连心态都是一样的。

刘邦能获胜，大概是得益于他手下都是些聪明人。是张良等人提醒他，不要做惹民怨的事。刘邦本好女色，咸阳城美人如云，他在进城后曾想将她们都据为己有，多亏手下阻拦才忍住了。

治国之道的反面教材

秦始皇之后的皇帝在建立政权、确定制度时都以秦朝为反面教材。秦朝之后的汉朝虽然同样推行中央集权制，但把宗室贵族都分配到了地方。秦朝覆灭时，宗室的人都在咸阳，而三十六郡的郡守和郡丞都是由朝廷任命的官吏。秦始皇最初建立这种制度时，认为这样便于统治地方，结果反而导致官员与百姓缺乏联系，在暴乱时都死在了百姓手下。

秦始皇去世时的沛县也是如此。百姓先是杀掉了朝廷派来的县长，然后趁没被反杀之前逃之夭夭。覆巢之下焉有完卵，如果秦朝的地方长官是皇亲国戚，他们就会为了保全自己而拼命守卫地方。然而，这终归是假设。汉朝就考虑到了这一点，虽然同样是采用郡县制，但汉朝吸取了秦朝失败的教训，在各地都安排了宗室贵族。汉朝较秦朝长久许多，前汉后汉加起来，延续了足足四百年。

秦始皇的一大影响就是，自秦以后，各个朝代都在地方安排信赖的人管理，再也没有采用过如此彻底的中央集权制。秦始皇的治国之道被视为反面教材，并且这本教材在秦朝覆灭后的两千多年中代代传承。

大约八十四年前，中国最后一个封建王朝——清朝覆灭。自秦始皇称帝开始，封建王权延续了两千多年，其中每位帝王都不断地用秦始皇以及秦朝的覆灭提醒着自己不要重蹈覆辙。

因此秦始皇的影响，远比我们想象的还要深远。每当天下大势将定时，人们总会想起他，这中国历史上最为浓墨重彩的一笔。

· 后　记

秦国的“秦”字，是“China”这个单词的来源。知道这一点，有助于我们理解中国的一些基本情况。

战国时代偏远落后的秦国，为什么能在秦始皇执政时跃居超级大国，实现天下统一？我们可以通过审视秦始皇自身来找到问题的答案。

秦始皇死后，秦朝已是危在旦夕，他的子孙也来不及为他开脱或粉饰什么。反倒是后世的某些人，常在论及秦始皇时添油加醋。对于这种论调，要格外谨慎。话虽如此，如若只看史书上的记载，我们真的很难同情秦始皇。

我在这本书中讲述了秦国的诸多事迹。功过是非，黑白曲直，仁者见仁，智者见智。希望各位读者在阅读本书时，能把自己想象成秦始皇，沉浸到这段历史中去。英雄和伟人毕竟也是人。

秦始皇读罢《韩非子》，曾由衷地感叹道："天啊！若是有幸与这位作者相见相交，我真的死而无憾了。"假如你也遇见一本让你深受触动的书，不妨想想秦始皇的感叹。这样你便与他有了精神世界的交集。

此外，你还能在秦始皇身上找到人性的弱点，发现自命不凡的帝王与寻常的老者没有任何区别。

"我多么伟大。我兼并六国，一统天下，绝非凡夫俗子可比。我要在泰山举行封禅大典，再求得长生不老药。"

对权力和永生的渴望，让秦始皇被江湖骗子徐福大肆利用。放眼古今，这样的例子屡见不鲜。从古到今，从黎民百姓到九五之尊，与秦始皇相似的人何其多。

两千多年过去了，人类似乎还囿于同一方天地之间。这是历史的妙趣所在，我们也可以不断从中吸取教训。

陈舜臣

本书相关事件年表

公元前779年　周幽王立褒姒为妃。

公元前754年　秦文公收留西周遗民。荷马创作史诗《伊利亚特》与《奥德赛》。

公元前753年　古罗马建国。

公元前750年　古希腊各地建立城邦。

公元前719年　秦宁公迁都平阳。

公元前651年　齐桓公葵丘会盟。恒河流域沿岸城市兴起。

公元前624年　秦穆公出兵讨伐晋国。

公元前623年　秦穆公成为西戎霸主。

公元前552年　孔子出生。

公元前494年　吴王夫差打败越王勾践。

公元前 493 年 波斯战争开始。

公元前 483 年 释迦牟尼圆寂。

公元前 473 年 越王勾践战胜吴王夫差。

公元前 398 年 第一次布匿战争爆发。

公元前 361 年 秦孝公登基。商鞅实施变法，秦国走上富强之路。

公元前 338 年 秦国商鞅被处以车裂之刑。

公元前 328 年 张仪任秦国丞相。

公元前 325 年 秦惠文王在秦国首次称王。

公元前 316 年 秦国消灭蜀国。

公元前 312 年 秦国攻占楚国汉中。

公元前 307 年 秦国攻占韩国宜阳。

公元前 300 年 日本北九州形成弥生文化。

公元前 296 年 楚怀王客死秦国。

公元前 278 年 秦国攻占楚国郢都。

公元前 277 年 楚国屈原自沉汨罗江。

公元前 259 年 嬴政（秦始皇）在邯郸出生。秦国与韩国、赵国议和。

公元前 251 年　秦昭襄王驾崩。其子安国君继承王位。
公元前 250 年　安国君（秦孝文王）登基。其子子楚继承王位。
公元前 249 年　子楚（秦庄襄王）登基。吕不韦任秦国丞相。秦国讨伐韩国。
公元前 248 年　秦国攻占赵国太原。
公元前 247 年　秦庄襄王驾崩。其子嬴政登基。
公元前 246 年　骊山陵工程及郑国渠工程开始施工。
公元前 238 年　秦王政平定嫪毐之乱。
公元前 235 年　吕不韦去世。
公元前 233 年　秦国逼迫韩非子自尽。秦国攻占赵国平阳。
公元前 232 年　阿育王登基。
公元前 230 年　秦国消灭韩国。
公元前 228 年　秦国消灭赵国。
公元前 227 年　荆轲刺杀秦王政未遂。
公元前 225 年　秦国消灭魏国。
公元前 223 年　秦国消灭楚国。
公元前 222 年　秦国消灭代国。斯巴达军队在塞拉西亚会战中遭到毁灭性打击。

公元前221年 秦国消灭齐国。秦王政统一天下，以『皇帝』为称号，统一度量衡与马车的轮距。

公元前220年 秦始皇东巡，统一文字。

公元前219年 秦始皇在泰山举行封禅大典，派徐福赴东海寻仙。

公元前218年 张良在博浪沙偷袭秦始皇。

公元前216年 汉尼拔在坎尼会战中力挫罗马军团。

公元前214年 第一次马其顿战争爆发。

公元前213年 秦始皇采纳李斯的建议，下令焚烧诗书。

公元前212年 阿房宫工程开始施工。秦始皇下令活埋方士。

公元前210年 秦始皇在沙丘驾崩。胡亥登基，成为秦二世皇帝。

陈胜、吴广、刘邦、项梁及项羽等人举兵反秦。

公元前208年 李斯被处死，赵高任丞相。

公元前207年 赵高逼死秦二世胡亥，立胡亥兄长之子子婴为秦王。

子婴诛杀赵高。

公元前206年 子婴归降刘邦，秦朝灭亡。项羽杀害子婴，火烧咸阳宫。

公元前202年 项羽在垓下之战中战败自尽。刘邦建立汉朝。

大西庇阿在扎马会战中大破汉尼拔。